Karl Gustav Theodor Schröder, Niederdeutsche Sprachforschung Verein für

Redentiner Osterspiel

Nebst Einleitung und Anmerkungen von Carl Schröder

Karl Gustav Theodor Schröder, Niederdeutsche Sprachforschung Verein für
Redentiner Osterspiel
Nebst Einleitung und Anmerkungen von Carl Schröder

ISBN/EAN: 9783337413682

Hergestellt in Europa, USA, Kanada, Australien, Japan

Cover: Foto ©ninafisch / pixelio.de

Weitere Bücher finden Sie auf **www.hansebooks.com**

REDENTINER OSTERSPIEL.

NEBST EINLEITUNG UND ANMERKUNGEN

VON

CARL SCHRÖDER.

NORDEN UND LEIPZIG.
DIEDR. SOLTAU'S VERLAG.
1893.

Inhalt.

		Seite
I.	Die Handschrift. Bibliographie . . . . , . .	1
II.	Zeit und Ort der Entstehung des Stückes. Der Dichter	8
III.	Die Sprache des Spiels	10
IV.	Einfluss des französischen Schauspiels. Die Teufelsnamen	15
V.	Verhältnis des Redentiner Spiels zu andern Osterspielen. Die Aufführung	18
	Uebersicht	24
	Text	25
	Anmerkungen	81

I. Die Handschrift. Bibliographie.

Vom Redentiner Osterspiel ist nur eine einzige Handschrift bekannt, von deren Schicksalen wir nur soviel wissen, dass sie bei der in Helmstedt vorgenommenen Versteigerung der Bibliothek des Anton Julius von der Hardt im Jahre 1786 von F. W. Molter für die markgräflich badische Hofbibliothek angekauft wurde. Früher mit 29 anderen kleineren handschriftlichen Sachen in einer Kapsel verwahrt, welche als *Autographa a* bezeichnet war, ist das Stück später mit Einband versehen worden und trägt jetzt die Signatur *Karlsruhe 369*. Die Handschrift umfasst 12 Papierblätter in 4⁰. Mehr Papier scheint dem Schreiber, als er seine Arbeit begann, nicht zur Verfügung gestanden zu haben; allmählich kamen ihm dann berechtigte Zweifel, ob er mit seinem Material ausreichen werde: während die ersten Seiten 33—42 Zeilen haben, wird später die Schrift viel kleiner und gedrängter, die Zahl der Zeilen auf der Seite grösser, Blatt 10ᵇ hat sogar 60 Zeilen.

Blatt 1ᵃ und die Hälfte von 1ᵇ nimmt, von derselben Hand geschrieben, welche das Spiel abschrieb, eine lateinische predigtartige Ansprache ein, deren Inhalt eine Vergleichung Christi mit der Sonne in fünffacher Hinsicht bildet. Da dieser Sermon vermutlich von dem Dichter des Spiels verfasst ist, so möge er hier seine Stelle finden[1]:

Nota. Christus comparatur soli propter quinque, in quibus sol excedit omnia corpora celestia, in quibus Christus alios homines supergreditur et excellit. Primo habet celsitudinem[2] in situ. Eccli. 26[3]: Sol oriens in mundo est in altissimis dei, id est in firmamento celi, sicut habetur Gen. 1⁰[4]). Sic Christus comparatur soli propter altitudinem sui situs. Eccli. 24[5]: Ego in altissimis habito et thronus meus in columpna nubis. Christus dicitur habitare in altissimis propter eternam generationem a patre, sed thronus ejus dicitur fuisse in columpna nubis propter temporalem assumpcionem humane nature ex matre, que dicitur columpna, quia firma per constanciam, recta per

---

[1] Für die Lesung dieses mit starken Abkürzungen geschriebenen Teiles der Handschrift bin ich den Herren Archivrat Grotefend und Archivregistrator Jahr in Schwerin zu Dank verbunden.
[2] *Hier ist das s in ein t korrigiert, wohl um* altitudinem *daraus zu machen*
[3] Eccles. 26, 21: Sicut sol oriens mundo in altissimis dei.
[4] Gen. 1, 14: Fiant luminaria in firmamento coeli.
[5] Eccles. 24, 7: Ego in altissimis habitavi, et thronus meus in columna nubis.

intencionem, erecta per contemplacionem et fuit columpna nubis humida per deuocionem. In ista columpna nubis Christus thronum suum posuit. Thronus est sedes ¹) regie dignitatis vel judiciarie potestatis et filius dei ex humana natura, quam in beata virgine assumpsit, tamquam rex regum et dominus dominantium ²) viuos et mortuos judicabit. Dan. VII⁰ ³): Ecce filius hominis in nubibus celi venit et vsque ad antiquum dierum peruenit et dedit ei potestatem et honorem et regnum et omnes populi, tribus et lingue servient ei in eternum; potestas eius potestas eterna que non auferetur, et regnum eius quod non corrumpetur. Secundo sol est luminare maius eo quod resplendet lucidius et ideo vocatur ab Ysidoro fons splendoris. Alie stelle et alii planete cottidie in nostris emisperis non apparent, sed non expertum est in aliqua regione, quin sol cottidie aliquantulum videatur. Sic in Christo plus fuit luminis et gracie et splendoris et honestatis vite quam in aliis. Vnde sol est quasi solus lucens et ipse fuit inter omnes solus⁴) absque peccato. Sol eciam secundum Dyonisium illuminat omnes stellas, ita gracia, que est in omnibus sanctis, a Christo est et ideo ipse fuit sufficiens ad omnem mundum redimendum. Karissimi, oportebat quod sol iste illuminaret, diabolus enim totum mundum volebat excecare. Quod figuratum I. Regum XI ⁵), quod Naas Amonites volebat inire fedus cum viris Jabes Galaad, vt erueret omnibus oculos dextros, per quem intelligitur diabolus, ut sic essent inepti ad prelium, cum enim clippeus tegat oculum sinistrum, dextro eruto essent omnino inepti ad prelium; ita diabolus vult nobis eruere oculum dextrum in congnitionem et amorem eternorum remanente oculo sinistro, id est amore temporalium. Vnde qui non amore beatitudinis sed timore dampnacionis bonum agit, dextrum oculum habet erutum et ideo sol Christus noster illuminauit nobis antequam nasceretur. Nesciebant homines gaudia paradisi, supplicia inferni, iuxta illud Eccle. VI⁰ ⁶): Non vidit solem neque nouit distanciam boni et mali, sed ipse per predicationem fecit nos videre gaudia paradisi, supplicia inferni, vanitatem mundi et vilitatem peccati, in cuius figura in natiuitate domini lux celestis ⁷) circumfulsit pastores ⁸) in signum, quod Christus vniversum orbem illuminaret, vnde psalmus ⁹) fecit solem in potestatem diei. Qui vult ergo illuminari ab isto sole, non debet se ab eo elongare. Vnde facies hominis conuersa ad solem solis lumine illuminatur.

---

¹) sedis.
²) 1. Timoth. 6, 15: Rex regum, et dominus dominantium.
³) Dan. 7, 13 ss.: Ecce cum nubibus coeli quasi filius hominis veniebat, et usque ad antiquum dierum pervenit, et in conspectu ejus obtulerunt eum. Et dedit ei etc.
⁴) omnes fuit solus.
⁵) 1. Reg. 11, 2: Et respondit ad eos Naas Ammonites: In hoc feriam vobiscum foedus, et eruam omnium vestrum oculos dextros.
⁶) Eccl. 6, 5.
⁷) celestis *doppelt*.
⁸) Luc. 2, 9: et claritas dei circumfulsit illos.
⁹) Ps. 135, 8: Solem in potestatem diei.

sicut sancte anime respicientes et intendentes in solem iusticie, cuius gracia illuminantur. Si speculum esset immundum et luto involutum, nunquam reciperet irradiacionem luminis solis, ita qui vult recipere illuminacionem gracie dei, debet se purgare ab omni immundicia peccati, aliter non est intuitu diuino dignus. Quando¹) speculum conuertitur ad lutum, recipit ymaginem luti; ita quando anima conuertitur ad lutum carnalis concupiscencie, tales non recipiunt lumen Christi. Vnde Sapientia V⁰ ²): Errauimus a via veritatis, quia lumen iusticie non luxit nobis et quia ³) sol intelligencie non est ortus nobis. Tertio sol inter luminaria est calidius. Ideo ab Ysidoro vocatur fornax ardoris. Ita sol noster Christus, quando tangit corda nostra, accendit nos in amorem ardentissimum ipsius dei. Ideo dicitur Jac. I⁰ ⁴): Exortus est sol cum ardore suo et arefecit fenum. Quod verus sol Christus Jhesus exortus est in concepcione et natiuitate et ardore caritatis, arefacit fenum carnalis concupiscencie. Videmus enim, quando fenum est separatum a radice, statim arefit; sic homo, quando separatur a radice male affectionis et calor solis, id est amor Christi, tangit eum, statim arefit in eo carnalitas omnis male conswetudinis. Vnde Psalmus ⁵): Percussus sum ut fenum et aruit cor meum. Dicit ergo Jac.: Exortus est sol. In quibusdam regionibus est conswetudo, quod porte ciuitatum non aperiunt[ur] nisi post calorem solis; ita porte paradisi non fuerunt aperte nisi post ortum istius solis et passionis et post passionem suam. Quod figuratum fuit Ne. III⁰ ⁶), et possunt esse verba Christi: cum adhuc assisterem, id est cum adhuc viuerem in carne, porte sunt clause, scilicet paradisi, et positi custodes de habitantibus Jherusalem, id est angelos habitantes in illa superna Jherusalem. Civitas illa lata fuit nimis et grandis ⁷), quia in domo patris mei mansiones multe sunt ⁸) et populus parvus in medio eius ⁹), quia nullus erat ibi homo, et dixi eis, non aperientur porte vsque ad calorem solis, id est non aperietur paradisus vsque post passionem Christi. Nullus enim aliter intrare poterat, fuerunt enim clause [porte] per primum peccatum hominis, per clauem fabricatam super humerum Christi ¹⁰) aperta fuit porta. Gen. 3⁰ ¹¹) dicitur, quod sol egressus est super terram, id est

---

¹) Vn.
²) Sap. 5, 6: Ergo erravimus a via veritatis, et justitiae lumen non luxit nobis, et sol intelligentiae non est ortus nobis.
³) et pro quia.
⁴) Jac. 1, 11.
⁵) Ps. 101, 5.
⁶) 2. Esdr. (Nehem.) 7, 3: Et dixi eis: Non aperiantur portae Jerusalem usque ad calorem solis. Cumque adhuc assisterent, clausae portae sunt, et oppilatae; et posui custodes de habitatoribus Jerusalem.
⁷) 2. Esdr. 7, 4: Civitas autem erat lata nimis et grandis.
⁸) Joh. 14, 4: In domo patris mei mansiones multae sunt.
⁹) 2. Esdr. 7, 4: et populus parvus in medio ejus.
¹⁰) Esai. 22, 22: Et dabo clavem domus David super humerum ejus: et aperiet.
¹¹) 3⁰ *oder* 30? *Keines von beiden ist richtig. Die Stelle steht* Gen. 19, 23: Sol egressus est super terram, et Lot ingressus est Segor.

Christus conceptus [1]) et natus, et Loth ingressus est Segor. Segor interpretatur Cales et significat illam supernam caritatem, ubi caritas est ardentissima. Item Jacobus cum ardore suo dicit hoc necessarium fuit. Homo enim infrigidatur per peccatum mortale, quod aufert calorem amoris dei. Venenum enim mortalis peccati ita frigidum est, quod, quam cito tangit cor, aufert ei calorem vitalem gracie, quem continebat cor in vita. Illud enim quod facit calor naturalis in corpore, hoc facit amor in anima. Vnde defectus naturalis caloris et infrigidacio corporis signum est mortis. Ita defectus caloris spiritualis signum est mortis spiritualis et frigidacio [1ᵇ]....²) pedis, id est affectionem cordis, id est cogitacionem manuum, id est operacionem capitis, id est intencionem. Sed quando calor istius solis tangit cor, facit ipsum liquescere in amorem, quod figuratur in manna Exo. XVI ³), ubi dicitur, quod cum caluisset sol, liquefiebat, et ideo Ecci.XLIII⁰ ⁴): Sol tripliciter exuret ⁵) montes. Sol, id est Christus, exuret ⁶) montes, id est corda dura, frigida et superba accendit ad amorem tripliciter: contricione, satisfactione, confessione, vel ad amorem triplicem: scilicet dei, sui et proximi etc. Quarto sol inter omnia luminaria est vtilius et ideo vocatur ab Ysidoro principium omnis pullulacionis. Sine enim sole nec herbe et arbores nec semina germinarent ⁷), ita certe antequam sol iste est in anima, nullum est ibi bonum nisi tenebre et tunc ibi transeunt male bestie. Sed quando sol iste oritur in anima, sicut ad ortum solis male bestie fugiunt et latrones abscondunt se, ita fugiunt demones et peccata ab homine et potest homo vtiliter exire ad bona opera facienda. Nota. Aues odientes lucem volant in tenebris, set ad lucem in die fugiunt, sic demones, vbi sunt tenebre, volant, set quando sol, id est gracia dei, oritur in anima, statim fugiunt. Vnde Naum II⁰ ⁸): Ortus est sol et auolauerunt et non est congnitus locus, vbi fuerunt, quia anima equaliter surgit ad eandem graciam vel maiorem, si habeat sufficientem poenitentiam. Quinto sol est luminare jocundius, vnde homines, qui de nocte fuerunt tristes et infirmi, ad ortum solis gaudent et est eis leuius. Ita est de isto sole. Certe homines, qui sunt in peccato, sunt tristes et infirmi grauiter. Sed quando sol iste oritur in cordibus eorum, tunc est eis leuius, sanius et suauius. Dicit Crisostomus: Tanta est claritas solis, quod omne pulchrum sibi comparatum est obscurum excepto deo. Ideo dicitur Eccle. ⁹): Dulce lumen et delectabile oculis videre solem. Cum angelus

---

¹) contemptus.
²) *Hier muss beim Wenden des Blattes etwas ausgelassen sein.*
³) Exod. 16, 21: cumque incaluisset sol, liquefiebat.
⁴) Eccli. 43, 3: tripliciter sol exurens montes.
⁵) exures.
⁶) exures.
⁷) germinaret.
⁸) Nahum 3, 17: sol ortus est, et avolaverunt, et non est cognitus locus earum, ubi fuerint.
⁹) Eccles. 11, 7.

dixisset ad Thobiam[1]: gaudium tibi semper sit, dixit[2]: quale mihi
erit gaudium, qui in tenebris sedeo et lumen celi non video. Sed ita
delectabile est videre naturalem solem, quam erit sanctis in vita eterna
de visione solis iustificato Christo domino nostro, de quo Eccli. XLIII[3]:
pulcritudinem candoris eius admirabitur oculus. Cogita, karissime,
si delectatur homo in visione solis et lune et siderum et presentis
lucis, an sic delectat visum, aspicere clarum speculum, pulchritudinem
rosarum, liliorum et violarum, lapidum preciosorum et ceterorum varietates florum, quam erit videre deum deorum, qui est pulcritudo omnium
angelorum. Ideo dicit Augustinus: Tanta est pulchritudo iusticie, tanta
iocunditas lucis eterne, vt eciam si in ea non licet viuere amplius
quam vnius diei mora, propter hoc solum anni innumerabiles huius
vite recte meritoque contempnerentur. Vnde non paruo affectu dixit
Dauid[4]: Melior et dies una in atriis tuis super milia scilicet presentis
vite. Karissimi, modo non plura, set rogemus dominum, vt concedat,
hic sic nos viuere, vt ad eternam claritatem mereamur peruenire prestante domino nostro Jhesu Christo etc.

An die letzten Worte dieses Textes schliesst sich unmittelbar,
ohne Absatz, die Ueberschrift *De resurrectione* und, durch einen roten
Strich nach abwärts verwiesen, die Spielanweisung *Primus angelus dicit*.
Auf Blatt 1ᵇ bis fast zum Schlusse von 12ᵇ folgt dann unser Spiel.
Auf jeder Zeile steht ein Reimpaar, der Anfangsbuchstabe jedes Verses
ist mit einem roten Strich versehen. Die Namen der redenden Personen, mit gelegentlicher Beifügung von *dicit, respondet* u. a. sind ans
Ende der Langzeilen gesetzt, zu denen meist ein roter Strich verweist;
mehrmals vergass der Schreiber, die Namen beizufügen, hie und da
setzte er sie an die falsche Stelle. Wiederholt hat der Schreiber sich
selbst korrigiert, das Falsche durch einen dicken roten Strich unleserlich gemacht. Bei einigen ihm besonders merkwürdigen Stellen
setzte er mit schwarzer Tinte ein „*Nota*" an den Rand.
Es sind dann später noch andere Hände über die Handschrift
gekommen. Eine derselben gab dem Ganzen die Ueberschrift: *Comoedia
de CHRISTI passione et resurrectione Ao. 1464* — unzutreffend, da
unser Spiel die Passion nicht enthält. Eine andere Hand fügte an
verschiedenen Stellen mit dicker roter Farbe weitere „*Nota*", auf
Blatt 3ᵃ *Vigil* und *Jhesus*, auf Blatt 4ᵃ *Crumnase*, auf Blatt 5ᵇ *Adam*
hinzu, wo diese Anweisungen vom ersten Schreiber vergessen waren.
Auf den Text des Spiels folgt ein siebenstrophiger lateinischer Hymnus,
den Mone, Schauspiele des Mittelalters 2 S. 106 hat abdrucken lassen[5]);
nach ihm wäre dieser Hymnus von anderer Hand geschrieben, mir

---

[1]) Tob. 5, 11.
[2]) ib. 12.
[3]) Eccl. 43, 20.
[4]) Ps. 83, 11.
[5]) Er steht auch bei Wackernagel, Kirchenlied 1 S. 63. 252, und bei
Daniel, Thesaurus hymnol. 1 S. 161.

scheint es dieselbe Hand zu sein, die aber den Hymnus nicht gleichzeitig mit dem Spiel niederschrieb, sondern später anfügte. Den Schluss machen, entschieden von anderer Hand, anderthalb Zeilen in jener üblichsten Art mittelalterlicher Geheimschrift, welche statt der Vocale die zunächst folgenden Consonanten setzt; aufgelöst ergeben diese Zeilen: $^1/_2$ *muffcaten Item 1 clawe engevers Item 80 par pordiscorn Item 25 par negelken bonum est*, anscheinend ein Recept zur Bereitung eines Würzweins oder eines Arzneimittels.[1]

Eine Facsimile-Ausgabe der Handschrift hat A. Freybe veröffentlicht als Beilage zum Osterprogramm des Friedrich-Franz-Gymnasiums zu Parchim 'Die Handschrift des Redentiner Osterspiels im Lichtdruck mit einigen Beiträgen zu seiner Geschichte und Litteratur. Druck der Bärensprungschen Hofbuchdruckerei, Schwerin. 1892. 4°.'

Die Schrift der Karlsruher Handschrift ist, wie Mone richtig sagt, klein und gedrängt; sie ist, zumal da der Schreiber viele Abkürzungen anwandte und dabei nicht immer nach festen Regeln verfuhr, und da ferner manches im Laufe der Jahrhunderte verblichen ist, nicht mühelos und nicht an allen Stellen mit voller Sicherheit zu lesen. Dass die Handschrift kein Autographon ist, wie man, nach der früheren Signatur zu schliessen, in Karlsruhe angenommen zu haben scheint, wird durch eine Anzahl offenbar verderbter Stellen zur Genüge bewiesen. Aber die Abschrift ist nach dem Charakter der Schriftzüge zweifellos bald nach der Abfassung des Originals gemacht. Sie bietet einen im Ganzen zuverlässigen Text. Wenn gleichwohl manche Stellen der Erklärung Schwierigkeiten bereiten, so möchte ich dafür nicht allemal die Handschrift, sondern hie und da auch unsere immer noch der Vervollständigung und Vertiefung fähige und bedürftige Kenntnis des Niederdeutschen verantwortlich machen.

Kaum ein anderes mittelalterliches Drama hat das Interesse der Philologen in gleichem Masse erweckt wie das Redentiner Spiel. Den Text desselben veröffentlichte zuerst F. J. Mone in seinen „Schauspielen des Mittelalters" Bd. 2 (Karlsruhe 1846; neue Ausg. Mannheim 1852) S. 33—106; diese Ausgabe ist nicht frei von Flüchtigkeiten und Lesefehlern und verdient nicht das Vertrauen, welches man ihr so lange geschenkt hat, leistet auch wenig für die Erklärung von Einzelheiten, dagegen ist Mone's Einleitung auch heute noch lesenswert. — Auf den Mone'schen Text gestützt, gab L. Ettmüller das

---

[1] Etwa gegen verdorbenen Magen? Wenigstens sind muschaten, negeliken, enghever und paradiscorn Bestandteile einer Mixtur, von der es in einem mnd. Arzneibuche (im Jahrb. d. Vereins f. nd. Sprachforschung 15 S. 126) heisst: De dat water hevet, ofte enen kolden magen, deme gif dat drincken in deme bade. Ebenso werden unter anderen Ingredienzien enghever und pardiscorne verordnet, wan deme maghen verkoldet is (ebd. S. 112). Von muschate heisst es S. 129: muschate is het unde droghe, . . se sterket den maghen, se stoppet dat lif; von negheleken ebenda: negheleken sint het unde droghe, se sterket den maghen. Dieselbe Eigenschaft, het unde droghe zu sein, wird auch dem enghever nachgerühmt S. 130. Vgl. die gleich zu erwähnende Publication von Freybe S. III.

Spiel von neuem heraus unter dem Titel „Das spil fan der upstandinge" (Bibliothek der gesammten deutschen National-Literatur von der ältesten bis auf die neuere Zeit. 31. Bd.), Quedlinburg u. Leipzig 1851, in einem ganz willkürlich construirten, nie und nirgends geschriebenen Niederdeutsch, mit sehr geringer Achtung vor der handschriftlichen Ueberlieferung; aber in den reichlichen Anmerkungen und in der Einleitung findet sich neben manchem Verfehlten doch auch viel Richtiges, das Verständnis des Textes ist durch Ettmüller unzweifelhaft gefördert. — Eine populär gehaltene Ausgabe lieferte für die von Jos. Kürschner herausgegebene „Deutsche National-Litteratur" (14. Bd.) R. Froning, „Das Drama des Mittelalters", Bd. 1 (Stuttgart o. J. [1892]) S. 107 ff.; die Lesefehler Mone's hat Froning, der auf die Handschrift zurückging, vermieden. — Proben des Textes gab H. Oesterley in seinem Schriftchen „Niederdeutsche Dichtung im Mittelalter" (Dresden 1871) S. 69 ff. — Mitteilungen über den Inhalt des Spiels veröffentlichte A. Freybe in der Allgemeinen evang.-luth. Kirchenzeitung 1881 Nr. 14—17; demselben verdanken wir eine vollständige Uebertragung des Textes ins Neuhochdeutsche: „Das Mecklenburger Osterspiel vollendet im Jahre 1464 zu Redentin übertragen und behandelt" (Bremen 1874; 2. Ausg. 1885); bei der Gestaltung des Textes stützt sich Freybe meist auf Ettmüller, der auf weite Kreise berechnete Commentar leidet an einer gewissen Ueberschwänglichkeit. — Beiträge zur Erklärung des Textes lieferten Drosihn, „Ueber das Redentiner Osterspiel" im Programm des Fürstlich Hedwigschen Gymnasiums zu Neustettin 1866 S. 1—36 und in der Zeitschrift für deutsche Philologie Bd. 4 (1873) S. 400 ff., ich selbst in Germania Bd. 14 (1869) S. 181 ff., Woeste in der Zeitschrift für deutsche Philologie Bd. 8 (1877) S. 106 ff., C. Walther im Jahrbuch des Vereins für niederdeutsche Sprachforschung Bd. 16 (1890) S. 44 ff., ferner A. Schöne in einer Rostocker Inaugural-Dissertation: „Deutsche Altertümer im Mecklenburger (Redentiner) Osterspiel" (Ludwigslust 1886; s. über diese Schrift Krause im „Korrespondenzblatt des Vereins für niederdeutsche Sprachforschung" Jahrg. 1887 [Heft XII] S. 46). — Vorträge über das Spiel sind gehalten worden von Freybe 1872 in Schwerin (s. das Referat von Latendorf in der „Mecklenburgischen Zeitung" 1872 Nr. 65 und 82), von R. Bechstein 1891 in Rostock (abgedruckt in der „Rostocker Zeitung" 1891 Nr. 247 Beil. 1, 259 Beil. 1, 265 Beil.) und von mir 1891 in Lübeck (s. den Bericht im „Korrespondenzblatt des Vereins für niederdeutsche Sprachforschung" Heft XV Nr. 3 S. 33 ff.). — Endlich hat Freybe seine S. 6 erwähnte Facsimile-Ausgabe der Handschrift mit einer Abhandlung begleitet (vgl. darüber Bechstein in „Rostocker Zeitung" 1892 Nr. 201 Beil. 1).

In dieser vielfachen Beschäftigung mit unserem Spiel liegt die Anerkennung nicht blos seines sprachlichen, sondern auch seines literarischen Wertes. Schon Mone sagte (S. 15): „Man muss es in seiner Art als ein Kunstwerk anerkennen." Dieselbe Anerkennung zollt ihm auch Wilken [1]); er meint, „dass man den Redentiner Dramaturgen wohl einen Dichter nennen dürfe". Froning (S. 109) nennt ihn geradezu den besten Dramatiker des späteren Mittelalters, und Wirth [2]), der im übrigen unser Spiel glaubt für eine Dichtung der Meistersänger oder Schulmeister halten zu sollen (S. 148), sagt: „Der Verfasser dieses Stückes ist der einzige, der wirklich einigermassen originell ist, und da er auch dichterisches Talent besass, so ist sein Werk entschieden das beste von allen Osterspielen."

II. Zeit und Ort der Entstehung des Stückes. Der Dichter.

Auf Blatt 12ᵇ der Handschrift steht am Schlusse des Textes die Notiz: *Finitus est iste rycmus anno domini M⁰CCCC⁰LXIIII sequenti die Elizabethae in Redentyn*, also am 20. November 1464. Bezieht sich nun diese Schreibernotiz auf die Vollendung des Originals oder der Abschrift? Meines Erachtens auf die Vollendung des Originals. Darauf führt uns, wie schon Ettmüller S. VIII hervorgehoben hat, Vers 1297 ff. des Textes, wo eines grossen Sterbens in Lübeck als zur Zeit noch andauernd Erwähnung geschieht. Nun ist gerade für das Jahr 1464 und für Lübeck die Pest nachgewiesen, die, nachdem sie schon 1463 am Rhein, in Thüringen, Sachsen, Meissen und in der Mark gewüthet hatte, 1464 weiter nach Norden vordrang. Wir lesen darüber in den Lübecker Chroniken ed. Grautoff 2 S. 278 die Nachricht: *mer in deme LXIIII. by pinxten quam se by de see, also to Luneborch, Hamborch, Lubeke, Wismer, Rostoke, Sund unde in de lant ummelanke. In dusser pestilencien storven vele lude to Lubeke . . . Unde dusse pestilencie warde to Lubeke wente omnium sanctorum.* Um die Zeit vor Omnium sanctorum (1. November) dürfen wir uns den Dichter, der sein Werk am 20. November vollendete, an der Arbeit denken.

Das Redentin nun, in welchem unser Spiel verfasst wurde, ist das heutige Hof-Redentin im Kirchspiel Neuburg, etwa eine Stunde nördlich von Wismar gelegen. Redentin wurde 1192 von dem Fürsten Heinrich Borwin I. dem Cisterzienserkloster Doberan geschenkt [3]). Aus der Mitte der Brüderschaft waren für die verschiedensten Verwaltungszweige des reichen Klosters zahlreiche Beamte angestellt, darunter ein wiederholt erwähnter *magister curiae Redentin* [4]), neben dem mehrere fratres in Redentin wohnten [5]). Von den zur Unterkunft des magister curiae und der fratres dienenden Gebäuden ist freilich in Redentin keine Spur mehr vorhanden, doch steht in dem angrenzenden Farpen, welches gleichfalls früher dem Kloster Doberan

---

[1]) Geschichte der geistlichen Spiele in Deutschland. Göttingen 1872. S. 103.
[2]) Die Oster- und Passionsspiele bis zum 16. Jahrhundert. Halle a. S. 1889. S. 129.
[3]) Eine Zusammenstellung der auf Redentin bezüglichen Nachrichten im Mecklenburgischen Urkundenbuch s. bei Freybe, Die Handschrift etc. S. 11 ff.
[4]) Meckl. Urkundenb. Bd. 9 Nr. 4673 von 1344, Bd. 10 Nr. 6887 von 1348.
[5]) fratres in curia Redentin commorantes ebd. Bd. 6 Nr. 3610 von 1313.

gehörte, noch heute ein altes grosses Gebäude, jetzt Kornspeicher, welches die Tradition als ehemaliges Kloster bezeichnet. Die Redentiner Feldmark ist nur durch einen schmalen Meeresarm von der der Wismarschen Bucht vorgelagerten Insel Poel getrennt. Der Dichter oder Redactor des Spiels, wie man will, hat sich nicht genannt. Dass er ein Geistlicher war, scheint neben der lateinischen Spielordnung und der dem Text vorausgeschickten lateinischen Ansprache noch ein anderer Umstand zu beweisen. In einer Anzahl von Spielen, welche dem unserigen mehr oder weniger nahe stehen, wie z. B. im Wiener Passionsspiel [1]), in der Innsbrucker Auferstehung [2]) und im Wiener Osterspiel [3]) kommt unter den verdammten Seelen auch ein Geistlicher vor; in dem gleichfalls verwandten Tiroler Passion fehlt der Geistliche. Aus letzterem Umstande schliesst Wackernell [4]), und wohl nicht mit Unrecht, dass der Verfasser ein Geistlicher war. Im Redentiner Spiel wird auch ein Geistlicher von Satan eingefangen; aber die sieghafte Art, wie er, obwohl keineswegs ein würdiger Vertreter seines Standes, mit seinen Reden und Beschwörungen Lucifer und Satan so zusetzt, dass sie nicht mehr aus und ein wissen, dass Lucifer seinen Liebling Satan verbannt und schliesslich den sacerdos unversehrt muss von dannen ziehen lassen, — denn so werden wir die Sache auffassen müssen, wenn auch die Spielordnung nicht ausdrücklich sagt, dass der Geistliche die Hölle wieder verlässt, — scheint mir sehr stark für einen Geistlichen als Verfasser zu sprechen.

Wenn im 14. Jahrhundert, wie wir sahen, ausser dem magister curiae auch noch fratres in Redentin erwähnt werden, so scheint sich das später geändert zu haben. In den Urkunden des 15. Jahrhunderts ist nur noch vom magister curiae, nicht mehr von fratres die Rede. Wenn das der Fall ist, so war meines Erachtens in Redentin der magister curiae der Einzige, von dem wir annehmen können, dass er im Stande war ein Osterspiel zu verfassen. Nun erscheinen als Hofmeister in Redentin in Wismarschen Urkunden in den Jahren 1450, 1456 und 1457 ein *Georgius*, 1465 *Peter Kalff* [5]). Aus dem Jahre 1464 liegt keine auf Redentin bezügliche Urkunde vor, doch wird Peter Kalff wohl auch in dem fraglichen Jahre magister curiae gewesen sein, da schon 1466 ein anderer Hofmeister in Redentin, mit Namen *Hinrik Grusenberch*, urkundlich bezeugt ist und der erwähnte Georgius beweist, dass die Hofmeister nicht etwa jedes Jahr wechselten. Es spricht also eine gewisse Wahrscheinlichkeit dafür, dass der Cisterziensermönch des Klosters Doberan und *hovemester to Redentyn broder*

---

[1]) In Wagners Archiv für Geschichte deutscher Sprache und Dichtung. I. Wien 1874. S. 359—381.
[2]) Auferstehung Christi bei Mone, Altteutsche Schauspiele. Quedlinburg und Leipzig 1840. S. 109—144.
[3]) In Hoffmanns Fundgruben. II. S. 297—336.
[4]) Die ältesten Passionsspiele in Tirol. Wien 1887. S. 154.
[5]) S. die Urkunden bei Freybe a. a. O. S. 14 f.

Peter Kalff der Verfasser unseres Osterspiels ist [1]). Ob er dasselbe mit oder ohne Erlaubnis seines Abtes verfasste [2]), ist für die Sache gleichgültig.

Die ersten Mönche waren nach Doberan aus dem Kloster **Amelungsborn** unweit Holzminden gekommen. Aus diesem Grunde hatte der Abt von Amelungsborn über das Kloster Doberan das Paternitätsrecht, verbunden mit dem Recht der Aufsicht und Visitation.[3]) Von Amelungsborn oder überhaupt aus Niedersachsen scheint ein beständiger Zuzug von Mönchen nach Doberan stattgefunden zu haben. Im Jahre 1345 beschwerten sich der Abt und die Mehrzahl des Convents zu Doberan über die bei Gelegenheit der Klostervisitationen von den Aebten des Mutterklosters zu Gunsten der niedersächsischen Brüder bewiesenen Parteilichkeiten und beantragten, dass die Visitationen der Doberaner Abtei fortan dem Abt eines andern Klosters übertragen werden sollten.[4]) Da diesem Antrage keine Folge gegeben wurde, die Aebte von Amelungsborn nach wie vor das Visitationsrecht übten [5]), so wird auch der Zuzug aus Niedersachsen derselbe geblieben sein. Wenn wir annehmen, dass auch in der zweiten Hälfte des 15. Jahrhunderts eine Anzahl von niedersächsischen Mönchen in Doberan lebte und der um das Jahr 1464 als hovemester nach Redentin delegirte broder einer von ihnen war [6]), so haben wir vielleicht eine Erklärung für die der mecklenburgischen Mundart fremden Wörter und Wortformen in unserem Spiel.

III. Die Sprache des Spiels.

Mone hat dem Redentiner Spiel seinen niederdeutschen Ursprung abgesprochen: „es hatte dieses Schauspiel", sagt er S. 7, „einen niederrheinischen Text zur Quelle, der zum Teil übersetzt, zum Teil bearbeitet wurde." Dem hat schon Ettmüller S. VII f. widersprochen und auch ich habe in Germania Bd. 14 S. 183 ff. die Grundlosigkeit von Mone's, übrigens auch von Wilken S. 268 Anm. 3 geteilter Meinung des näheren darzuthun gesucht. Mone, der sich bei seinen Ausführungen auf ein heute ganz veraltetes Werk [7]) beruft und überhaupt eine genügende Kenntnis des Niederdeutschen vermissen lässt,

---

[1]) Er wäre dann immer noch nicht der „der Zeit nach erste Dramatiker der deutschen Litteratur" (s. Bechstein in Rostocker Zeitung 1891 Nr. 265 Beil.), denn schon 1457 wird als Dichter eines — nicht weiter nachweisbaren — Passionsspiels ein Hans Jacob von Schweina genannt (Zeitschr. d. Harzvereins Bd. 23 S. 328).
[2]) S. Freybe, Die Handschrift etc. S. 32 f.
[3]) Wiggers, Kirchengeschichte Mecklenburgs. Parchim und Ludwigslust 1840. S. 73.
[4]) Meckl. Urkundenbuch Bd. 11 Nr. 6596. Vgl. Malchow, Geschichte des Klosters Doberan von 1300 bis 1350. (Inaugural-Dissertation.) Rostock 1880. S. 75 ff.
[5]) S. Freybe a. a. O. S. 11 Anm. 2.
[6]) Vgl. die Anm. zu Vers 1121.
[7]) Ritter, Grammatik der mecklenb.-plattdeutschen Mundart. Rostock und Schwerin 1832.

nahm Anstoss an einer Anzahl von Wortformen und Reimen, die er als ausserhalb der Mundart des Spiels liegend ansah, aber in der Sprache des Kölner Reimchronisten Gottfried Hagen wiederzufinden glaubte. Auf eine eingehende Widerlegung der von Mone aufgestellten Sätze braucht hier nicht eingegangen zu werden. Heute bezweifelt wohl Niemand mehr ernstlich die mecklenburgische Heimat des Spiels und mit Recht konnte Nerger in seiner Grammatik des mecklenburgischen Dialektes älterer und neuerer Zeit (Leipzig 1869) die Sprache des Stückes in weitestem Umfange im Sinne seiner Aufgabe verwerten.

Gleichwohl kann nicht in Abrede gestellt werden, dass das Redentiner Spiel Wortformen aufweist, welche dem mecklenburgischen Dialekte nicht angehören. Dabei aber wird zu unterscheiden sein zwischen solchen Formen, die nur des Reimes wegen da sind oder dem Reime zu liebe verändert wurden, und solchen, die auf eine andere niederdeutsche Mundart hinweisen. Zu den ersteren gehören z. B. *han* (: *gan*) 139. 640. 1796. (: *upstan*) 185. (: *man*) 1429 und *hat* (: *rat*) 501 [1]); *vorghen* (: *vlen*) 1231; *lan* (: *ghegan*) 1295; *ghevan* (: *kumpan*) 1508; *ist* (: *Crist*) 6; *dich* (: *alleweldich*) 346; *mich* (: *alweldich*) 679; *tir* für *dir* (: *hir*) 736; *mik* (: *sik*) 941; *laghen* (: *claghen*) 762; *quamen* (: *namen*) 1208; *sol* (: *wol*) 296; wohl auch *brinnen* (: *untrinnen*) 636 [2]). Dieses Reimbedürfnis modelt sogar die Namensformen des Fürsten der Hölle: *Lucifare* (: *vare*) 1242, *Lucifar* (: *dar*) 1336.

Auf diese durch den Reim bedingten Formen kann kein grosses Gewicht gelegt werden, ebenso wenig auf das auch in anderen niederdeutschen nicht dem *mik*-Gebiete entstammenden Denkmälern zu constatierende Vorkommen von *mik* (928. 1343. 1404. 1422. 1423. 1661. 1795) und *dik* (1535. 1606. 1607. 1689. 1732. 1855. 1909) auch ausserhalb des Reims neben überwiegenden *mi* und *di*, obgleich immerhin der Beachtung wert sein könnte, dass die Formen *mik* und *dik* fast ausschliesslich dem zweiten Teile des Spiels angehören. Anders verhält es sich mit einigen andern Wörtern und Wortformen. Zu diesen gehört z. B. *nuwerlde* (265. 1561) neben *newerlde* (1677. 1994). Das *nu* für *ne* soll nach Walthers Bemerkung im nd. Jahrb. 1 S. 99 auf das Binnenland weisen [3]); auch die Consonantengemination in *rodde* (1890) sowie die Doppelformen *dreghen* (168. 1325. 1976) und *draghen* (1983) nimmt Walther a. a. O. S. 95 und im Korrespondenzblatt 6 S. 70 für das Binnenland in Anspruch [4]). Der mecklenburgischen Mundart nicht angehörig ist auch die Form *ik vruchten* (1713). Ganz besonders aber möchte ich hervorheben die in unserem

---

[1]) Vgl. Nerger § 112, 2.
[2]) Ueber den vielleicht gleichfalls hierher zu ziehenden Reim *affen* : *claffen* 836 vgl. Lübbens Zeno Einl. S. XIII.
[3]) Doch s. Des dodes danz 697: *Nuwerlde weren mi so swar mine sinne.* Vgl. auch die Beispiele aus den Hamburger Chroniken im mnd. Wb. 3 S. 213[b].
[4]) Doch vergl. zu *dregen* und *dragen* Nerger § 93.

Spiele ausserordentlich häufig auftretende Interjection *wane* (55. 1170. 1229. 1510. 1612. 1680. 1852) oder *wane wane* (1118. 1358), die, so weit ich sehe, den rechtselbischen Gegenden völlig fremd ist ¹), aber in Hessen an der Weser, im Göttingisch-Grubenhagenschen und im Westfälischen ²) gefunden wird. In diesem Zusammenhange könnte auch das zu Vers 1781 angeführte Hildesheimische Sprichwort Bedeutung gewinnen. Jedenfalls sind alle diese Dinge geeignet, als weitere Stützen zu dienen für die oben S. 10 angedeutete Möglichkeit, dass der Dichter kein geborener Mecklenburger war, sondern ein aus der Wesergegend eingewanderter Mönch, dessen heimatliche Mundart bei Abfassung seines Werkes gelegentlich zum Ausdruck kam.³) Im Anschluss hieran möge noch ein Wort über *uns, unse* und *us, use* Platz finden. Die Handschrift braucht beide Formen, überwiegend die mit *n*, die ohne *n* im Ganzen 25 mal, und zwar häufiger im zweiten als im ersten Teil des Dramas. Wie viele *uns* u. s. w. blos auf Rechnung des Schreibers kommen, muss dahingestellt bleiben; jedenfalls schrieb er einmal *uns* (713), wo der Reim *us* verlangt, — ein Beweis, dass dem Dichter die Form *us* geläufig war, was wiederum mit der Annahme seiner Herkunft aus der Wesergegend vereinbar ist. Im übrigen scheint mir die Frage nach dem Verhältnis von *uns* und *us* noch immer weiterer Untersuchung bedürftig, trotz der Ausführungen von Krause 'Germania 16' S. 93 ff. und 307 f. Wenn Krause S. 94 behauptet, dass die niederdeutsche Schriftsprache ziemlich überall das Pronomen in den Formen *uns, unse* gebraucht habe, so widersprechen dem mindestens die mecklenburgischen, die Lübecker und die schleswig-holstein-lauenburgischen Urkunden. Die betreffenden Urkundenbücher liefern zahllose Beweise dafür, dass wenigstens im 14. Jahrhundert *uns* und *us* vollständig gleichwertig neben einander gebraucht werden, ja *us* fast häufiger als *uns*, und zwar finden sich nicht selten beide Formen in einer und derselben Urkunde ⁴). Aus dem Lübecker Urkundenbuch verschwindet, so weit ich sehe, die Form *us* mit Ende des 14. Jahrhunderts; in Mecklenburg erhält sie sich bis über die

---

¹) Allerdings auch im Reinke Vos 465. 564. 776, der ja aber, wie Walther im nd. Jahrb. 1 S. 92 ff. nachgewiesen hat, zahlreiche dem lübischen Dialekt fremde Formen zeigt.
²) Vilmar S. 441. Schambach S. 285ᵇ. Jellinghaus im Korrespondenzblatt 4 S. 30. Vgl. nd. Bauernkomödien ed. Jellinghaus S. 128. Der Scheve Klot 231. Bauernbetrügerei 48. Daniel von Soest Gemeine Bicht 2951. Aber auch Friedberger Dirigierrolle (in Zeitschrift f. deutsches Alterthum 7) S. 555.
³) Vielleicht schickte der Dichter eine Abschrift seines Werkes in die Heimat. Gerade bis ins Braunschweigische lässt sich die Spur unserer Handschrift zurück verfolgen. S. oben S. 1.
⁴) Z. B. Meckl. U.-B. Bd. 15 Nr. 9324. 9345. 9346. 9374. 9394. 9398. 9405. Bd. 16 Nr. 9458. 9495. 9517. 9518. 9560 B. 9561. 9596. 9626. 9683. 9687. 9691. 9706. 9717. — Lüb. U.-B. Bd. 3 Nr. 154. 158. 163. 169. 171. 218. 314. 364. 395. 396. 440. 496. 499. 517. 520. 542. 543. 623. 626. 644. 645. 651. 659. Bd. 4 Nr. 226. 235 u. s. w. — Schleswig-Holst.-Lauenb. Regesten und Urkunden Bd. 3 Nr. 401. 716. 787 u. s. w.

Mitte des 15. Jahrhunderts hinaus, kommt vereinzelt sogar noch im 16. Jahrhundert vor [1]). Einige andere Doppelformen, teilweise durch den Reim beeinflusst, mögen hier einfach verzeichnet werden. Der Nom. Plur. des persönl. ungeschlechtigen Pron. 1. Pers. lautet wi (3. 34. 43. 44. 46 etc.) und we (40. 54. 64. 84 etc.)[2]). Das Adj. sware erscheint auch als swere (: mere) 915. Neben stan (: dan) 785 findet sich auch sten (: sen) 945, neben stat 79 (: dat). 909 auch steit 107. 178. 1006. (: leit) 545 [3]), neben upsten (: schen) 92 auch upstan 25. (: slan) 141. 158. (: han) 185, das Part. lautet upgestan (: dan) 30. (: gan) 255. 775. 834. 858. (: man) 917 und upgestanden (: schanden) 53. Neben saghen 20. (: vraghen) 1210 steht segghen 850. (: ulleggen) 877. 1202. 1292 u. ö., neben ik segghe 110. 177. 726. 1227 u. ö. ik saghe (: claghe) 26 und 782 [4]). Die 2. Person Sing. von ik bun lautet bist 160. 250. (: list) 1106 u. 1471. (: Christ) 1723 neben bust 625. 679. 717 u. ö. [5]) Neben ik derf 630 findet sich ik dorf 770 [6]), neben du wilt 512 auch du wult 145. (: schult) 930. 1620 u. ö. [7]) Ganz besonders bemerkbar ist das Nebeneinandergehen der Endungen —n und —t im Plural des Ind. Präs. Wir finden wi hebben 1951 und wi hebbet 451. 897; wi swigen 887 und wi swiget 874; gi hebben 39. 846. 919 und gi hebbet 685. 1374; gi denen 1965 und gi denet 1045; gi stan 649 und gi stat 1049; wi willen 3. 81, wi bidden 43. 46, wi vruchten 50 etc. neben wi waket 84; gi moghen 12, gi bewaren 73, gi horen 1968 etc. neben gi blivet 619, gi vordenet 959, gi zaget 955; se sin 561. 573 und se sint 1423. 1634, se spreken 30, se vleten 208, se schrien 219. 455 etc. neben se kamet 1204, se dorvet 1230, se dantset 1786, se stat 1328 etc. [8]) Nerger § 86, 3 sieht hierin ein characteristisches Merkmal mecklenburgischer Sprachdenkmäler.

Von sonstigen Verbalformen sei hier noch die 2. Sing. Ind. Präs. von mogen erwähnt, welche nur in der von Nerger § 112, 5 nicht verzeichneten, aber durch den Reim gesicherten Form mochst (: dochst) 1852 erscheint.

Der mit dem 15. Jahrhundert beginnende Uebergang des tonlangen o in tonlanges a tritt in unserem Spiel sehr stark auf; beide Laute erscheinen in buntem Wechsel neben einander. So entstehen Reime — abgesehen von leichteren Fällen: vullekomen : namen 237,

---

[1]) S. Nerger § 144. Wiechmann, Mecklenburgs altniedersächs. Literatur I S. 94 V. 20.
[2]) Nerger § 144.
[3]) Nerger § 112, 4.
[4]) Vgl. übrigens Germania 13 S. 186.
[5]) Gesprochen vielleicht weder bust noch bist, sondern wie heute büst. Nerger § 219.
[6]) Doch sind e und o nicht immer mit Sicherheit zu unterscheiden.
[7]) Nerger § 112, 5.
[8]) Die Ansetzung dieser Formen ist übrigens nicht immer ganz sicher, da die Handschrift die Abbreviatur ʒ zwar meist für et, aber auch für en und einige Male für blosses n verwendet.

vorloren : gebaren 281, *gades : bodes* 319 etc. — wie *gade : dode* 1030, *vorlaren : horen* 798, *vorlaren : doren* 970 u. s. w., die übrigens dem Auge befremdlicher erscheinen als dem Ohre, da auch dem eigentlichen tonlangen *a* ein dunkler, nach *o* hinneigender Laut zukommt [1]). Einer Besprechung der Fälle, in welchen tonlange mit langen Vocalen reimen, bedarf es nicht; solche Reime sind im Niederdeutschen durchaus unbedenklich. Auch *gehort : vort : wort* 23. 39, *apenbar : jar : schar* 63. 613 u. a. müssen als gute Reime bezeichnet werden, da die Consonantenverbindung *rd (rt)* vorangehendes *o* verlängert und auslautendes *r* die Quantität des *a* stört [2]).

Ungenaue Reime sind:
a : å — *dan : upgestan* 29. — *dat : stat* 79. *rat* 481. — *man : afslan* 477. *bestan* 848. *upgestan* 916. *han* 1428. — *haveman : entgan* 1140. — *schal : altomal* 1202. — *van : underdan* 1220.
e : ê — *besten : lesten* 681.
ê : î — *vere : schire* 898. 1014. — *dunneber : hir* 1632. — *we : di* 1642. — *domine : mi* 1712.
i : e — *bringhen : afdrenghen* 729. *henghen* 749.
î : i — *paradis : ghewis* 283. *is* 671.
o : ô — *got : not* 45. 247. — *son : tron* 607. — *spot : not* 968. — *koster : kropelroster* 1134. — *toppe : untlope* 1652.
o : u — *bischop : up* 806. — *konde : munde* 1718. — *scholden : vorgulden* 964.
u : û — *lust : dust* 1728.
u : i — *wusten : listen* 1260. Vielleicht wurde *wusten* schon damals, wie heute, *wüsten* gesprochen.
u : ê — *bun : schen* 1690.
û : a (o) — *rupen : ghekrapen* 1876. Da die gewöhnliche Form des Verbums *ropen*, und *ghekrapen* = *ghekropen* ist, so verliert dieser Reim alles auffallende.
û : ô — *du : vro* 717. — *kuken : vorvloken* 1370. — *sturen : roren* 1462. *voren* 1640. — *genuch : gevoch* 1478. — *su : to* 1554. — *gut : sultevot* 1560. — *rupen : lopen* 1664. — *blut : dot* 1710. — *gevughe : kroghe* 1770. — *vulen : kolen* 1894.

e : en — Diese im Mnd. unanstössige Reimfreiheit (vgl. Gerhard von Minden ed. Seelmann Einl. XL) begegnet auffallend oft. *swerde : erden* 157. — *boden : gade* 349. — *albedille : willen* 499. — *singen : koninge* 505. — *drade : vorraden* 533. — *garden : warde* 719. — *hemeliken : rike* 884. — *grave : laven* 950. — *snelle : gesellen* 982. — *vreden : bede* 1012. — *kinderen : rindere* 1282. — *tunne : wunnen* 1494. — *untruwe : cluen* 1516. — *selen : to dele* 1972. — *gnade : schaden* 1999.

Ferner begegnen *rey : eig* 1330 [3]) und *rowe : vroude* 463,

---
[1]) Nerger § 28.
[2]) Nerger § 22 Anm. § 11.
[3]) Ob hier das auslautende *g* überhaupt gesprochen wurde, erscheint fraglich, da auch die Schreibung *ey* 1353 vorkommt.

vorausgesetzt dass ich recht hatte, das handschriftliche *vrawe* in *vroude* zu ändern. Dreireim findet sich dreimal: *jar : apenbar : schar* 613. — *wille : Tuteville : wille* 622. — *morghen : sorghen : morghen* 763. In keinem dieser Fälle erscheint die dritte Reimzeile entbehrlich oder gar störend, so dass auf eine Interpolation geschlossen werden könnte.

Schliesslich noch einige Bemerkungen über die **Schreibung der Consonanten** in unserer Handschrift. Dieselbe verwendet gelegentlich im Anlaut *v* für *w* und umgekehrt: *wullenbracht* 359, *vunderlik* 367, *veckede* 434, *ven* 445, *villen* 485, *vunliken* 753, *vulen* 1894, — wie das ja auch in anderen mnd. Sprachdenkmälern vorkommt, z. B. in Lambert Slaggherts Ribnitzer Chronik (Jahrbuch d. Vereins f. mecklenb. Gesch. u. Alt. 3 S. 108 ff.), im Röbeler Spiel (Mnd. Fastnachtspiele ed. Seelmann S. 63 ff.), in dem Fragment eines Dramas von Simson (Nd. Jahrb. 6 S. 135 f.; vgl. Walthers Anm. S. 142 f.), in De vorlorne sone, De segheler u. a. Hier überall die normale Form einzusetzen, schien angemessen. In anderen Fällen habe ich kein Bedenken getragen, die schwankende Schreibung der Handschrift wiederzugeben: *sone* 5 und *zone* 21. 397, *wezen* 85 und *wesen* 69. 585. 792, *ghenezen* 86 und *ghenesen* 586. 992, *lozen* 522 und *losen* 13, *lezen* 793. 999. 1335 und *lesen* 992. 1000, *zaget* 955 und *saghe* 26, *gantzen* 615 und *gansen* 767; *untfan* 43. 145 neben *untvaren* 100; *ritter* 205. 210. 215. *rittere* 755. 882 und *ridder* 217. *riddere* 71. 847. 866 u. s. w. Sogar das *gh* neben *g*, das *y* neben *i* habe ich beibehalten. Dass dies Verfahren nicht überall Billigung finden wird, darauf bin ich gefasst. Indessen bin ich schon lange zu der Meinung bekehrt, die Jostes in seiner Ausgabe des Daniel von Soest S. 391 ausgesprochen hat: „Wir leiden viel mehr unter den normalisierten Texten als unter denen mit verwilderter Schreibweise." Nur insofern bin ich von der Handschrift abgewichen, als ich das *u*, wo es für *v* steht, durch letzteres ersetzt und statt *jw ju* geschrieben habe. Auch habe ich die vom Schreiber gelegentlich über *n* und *u*, wohl zur Unterscheidung beider Buchstaben, angebrachten nach aufwärts oder nach abwärts gekrümmten Häkchen nicht reproduciert. Alle übrigen Fälle, wo ich mich von der Handschrift entfernte, sind unter dem Text verzeichnet.

Von einer Bezeichnung der Vocallänge durch den Circumflex habe ich abgesehen. Ich halte dieselbe im allgemeinen für wünschenswert, vermag aber die jetzt bei den Ausgaben mnd. Texte übliche Praxis, die Länge nur in geschlossenen Silben und vor Consonantverbindung in offenen Silben zu bezeichnen, nicht für richtig zu halten.

IV. Einfluss des französischen Schauspiels.
Die Teufelsnamen.

Nach Mone S. 27 trägt das Redentiner Spiel „unzweifelhafte Spuren an sich, dass es auf das französische Schauspiel Rücksicht genommen." So sagt auch Goedeke, Grundriss 1² S. 475 bei

Erwähnung unseres Spiels: „nicht ohne Spuren französischen Einflusses."
Nun mögen immerhin die französischen Mystères auf die deutschen
geistlichen Spiele hie und da eingewirkt haben¹); jedenfalls tritt diese
Einwirkung in keinem der bekannten deutschen Spiele so greifbar
hervor, dass eine directe Anlehnung an ein französisches Drama behauptet
werden könnte ²). Speciell im Redentiner Spiel vermag ich
Spuren französischen Einflusses schlechterdings nicht wahrzunehmen.
Diese Spuren müssten sich doch besonders in den Passions- und Auferstehungsspielen
zeigen, deren Jubinal, Mystères inédits du quinzième
siècle (2 Bde. Paris 1887) einige veröffentlicht hat. Auch hier kann
ich sie nicht entdecken; wo sich gelegentliche Anklänge finden, sind
sie allemal bedingt durch die gemeinsame Quelle, nämlich den *Descensus
ad inferos* im Evangelium Nicodemi.

Besonderes Gewicht legt Mone auf die beiden Teufelnamen ³)
Tutevillus oder *Tuteville* und *Noytor*, die er als französische anspricht.
Noytor hält er für gleichwertig mit Noiron „mit der Doppelbedeutung
schwarz und Nero" ⁴). Ettmüller S. XIX hält beide Namen gleichfalls
für französisch; er führt Noytor auf *noyer* 'demergere, suffocare,
opprimere, diffamare' zurück, nimmt Zusammenhang mit dem Adj.
noyeux 'iuvidus, morosus, rixator' an und meint, man dürfe Noytor
vielleicht einfach mit dem lat. *necator* gleichsetzen. Tuteville erklärt
Ettmüller als *toute-vilain* 'totus vilis'.

Noytor einfach mit '*Noiron*' gleichzusetzen, scheint mir sehr willkürlich.
Ettmüllers Deutung lasse ich auf sich beruhen und will nur
bemerken, dass der Teufel Noytor auch in anderen deutschen Spielen
vorkommt, und zwar als *Notir* in der Friedberger Dirigierrolle (Zeitschrift
f. deutsches Alterthum 7 S. 550), als *Natyr* im Alsfelder
Passionsspiel, als *Nottyer* im IV. Erlauer Spiel, als *Nottis* und *Nottir*
im Spiel von Frau Jutten. Ob der Name entstellt ist aus lat. *natrix*,
mhd. *nater* und *nátere* 'Natter' (Deutsches Wb. 7, 426), wie Weigand

---

¹) S. auch Scherer, Gesch. d. deutschen Litteratur S. 740.
²) Vgl. Wilken, Gesch. d. geistl. Spiele in Deutschland S. 267 ff.
³) In Gosches Jahrb. f. Litteraturgeschichte 1 S. 18 hat Weinhold eine
Zusammenstellung von Teufelsnamen aus alten deutschen Schauspielen gegeben.
Ich füge hinzu aus dem Alsfelder Passionsspiel S. 34 *Frauwenzorn*, aus dem
niederhessischen Weihnachtsspiel ed. Piderit *Machdantz*, aus dem Pfarrkircher
Passion (bei Wackernell S. 99) *Wal*, aus dem Haller Spiel (Germania 11 S. 97 f.)
Amon, Welphegor, Titinill, Ruffo (vgl. *Ruffin* bei Weinhold), *Baall, Sprancxl,
Lesterer, Sturpaus, Nichtumbsunst, Untreu, Urnell*. Die in nd. Korrespondenzblatt
12 (1887) S. 34 ff. abgedruckten Zaubermittel des 16. Jahrh. führen als
Namen von Teufeln oder Geistern auf, ausser den bekannten: *Leion, Baron*
(auch in einem franz. Mystère vorkommend), *Mastrock* (wohl volksetymologisch
aus *Astroth*), *Marcurius, Polbarius, Reprobusck, Alstrian, Austrionum* (diese
beiden aus *Astaroth* verderbt?), *Vacarius, Ramarius, Bollianus*.
⁴) Mone S. 27: „Noytor ... welcher letzte bei den Franzosen g e w ö h n-
l i c h Noyron heisst." Das ist ungenau, denn nach Wieck, Die Teufel auf der
mittelalterlichen Mysterienbühne Frankreichs (Marburger Inaugural-Dissertation.
Leipzig 1887) S. 10 kommt der Name Noiron überhaupt nur einmal vor. Wieck
fasst ihn als „historischen Namen", also wohl als Nero.

in Zeitschr. f. d. Alt. a. a. O. anzunehmen scheint und wie auch Edw. Schröder auf der 1891er Pfingstversammlung des Vereins f. nd. Sprachforschung aussprach, lasse ich unerörtert.

Tutevillus oder *Tuteville* ist gleichfalls keine Spezialität des Redentiner Spiels, sondern erscheint auch im IV. Erlauer Spiel und in einem mittelengl. Gedicht [1]), ferner als *Titinill* im Haller Spiel (s. oben S. 16 Anm. 3), als *Titinullus* im Seelentrost [2]), als *Titynilus*, *Titynillus* in zwei französischen Mysterien [3]) und in alten Glossen noch in einer Anzahl anderer Formen wie *Titrullus, Titirillus, Tintinulus, Titrifillus*, die vielleicht samt und sonders nichts anderes sind als Entstellungen des Wortes diabolus [4]).

Die übrigen Teufelnamen bieten der Erklärung weniger Schwierigkeit. *Lucifer* ist der Morgenstern, der Sohn der Morgenröte. Der Name ist nicht „wahrscheinlich der Akopalypse entlehnt" (Wieck S. 8), sondern Lucifer als Fürst der Hölle verdankt seine Existenz lediglich einem Missverständnis von Jesaias 14, 12: *Quomodo cecidisti de caelo lucifer?* Die Worte sind auf den König von Babel gemünzt; Tertullian und Gregor d. Gr. haben die Stelle unbefugterweise auf den Abfall und das Strafgeschick des Satan gedeutet, der seitdem aus dieser Stelle den Namen Lucifer erhalten hat [5]).

Sonach ist *Satanas*, d. h. der Widersacher [6]), auf den zweiten Platz heruntergedrückt. Immerhin nimmt er in den deutschen wie auch in den französischen Spielen eine hervorragende Stelle ein. Auch im Redentiner Spiel ist er Lucifers rechte Hand und sein besonderer Liebling (1692 ff.), er ist der Höllenvogt (1905) und gilt seinem Herrn als der klügste und geriebenste der Teufel (1106. 1702) [7]).

Astaroth, Astrot ist die hebräische Namensform für die phönizische Göttin Astarte [8]). Auch in den französischen Mystères erscheint dieser Teufelname sehr häufig [9]).

---

[1]) Bei Wright and Halliwell, Reliquiae antiquae (London 1841) 1 p. 257. Das Gedicht beginnt: *Tutivillus the devyl of hell, He wryteth har names, sothe to tell, admissa extrahantes etc.*

[2]) Frommanns Zeitschr. f. deutsche Mundarten 1 S. 210 Nr. 45. Eine Giessener Hs. desselben Stückes (s. Geffcken, Der Bilderkatechismus des 15. Jahrh., Leipzig 1855, S. 65) hat *Tytinillus*. Zu der Erzählung im Seelentrost vgl. übrigens Wieck S. 47.

[3]) Wieck S. 11. Wieck bemerkt, dass ihm der Name unerklärlich geblieben sei.

[4]) S. Diefenbach, Glossar. lat.-germ. p. 568; Novum Glossar. p. 366. Ich verdanke diese Hinweise der Güte Walthers. — Ueber die vielfachen euphemistischen Entstellungen des Wortes Teufel s. Lexer im Deutschen Wb. 11 Sp. 265.

[5]) Grimm, Mythol. [3] S. 937. Gesenius, Commentar über den Jesaias (Leipzig 1821) S. 481. Delitzsch, Bibl. Commentar über den Prophet Jesaia (ebd. 1866) S. 196.

[6]) Riehm, Handwb. d. bibl. Alterthums 2 S. 1376.

[7]) Vgl. Wieck S. 49.

[8]) Riehm 1 S. 112.

[9]) Wieck S. 7.

Belsebuc ist der philistäische Gott Beelzebub, „der Herr der Fliegen" [1]).
Belial, als Name des Teufels erst im Neuen Testament vorkommend, ist hebr. *belijaal* 'Nichtsnutzigkeit' [2]).
In dem Namen *Puk* sucht Ettmüller a. a. O. das niederländ. *puyk* 'Ausbund, das Beste jeder Gattung', oder das nd. Verb *puken* 'stehlen', wovon das Adj. *puukhaftig*, diebisch (brem. Wb. 3 S. 371) herstammt. Nach Grimm, Mythol. [3] S. 468 ist dagegen *puk* wahrscheinlich = altnord. *pûki*, schwed. *pokje*, dän. *pog* 'puer'. Demnach ist Puk der Zwerg, der Kobold. Noch heute sind die Puckse die Kobolde; in Schleswig-Holstein heissen die Hausgeister Hauspuken [3]).
Lepel „kann als Löffel, Lappohr (Hundename) gedeutet oder. wenn man *Lêpel* schreibt, auf das nd. *leep* 'schlecht, verkommen. kümmerlich' (holländ. *leep* 'triefäugig, schielend, falsch, schlau') als Diminutivbildung zurückgeführt werden" (Ettmüller S. XIX). Schwerlich! *Lepel* ist = hochd. *Löffel*, älter *Leffel*, Weiterbildung von *Laffe*, d. i. Narr, Tohr, Gauch (Deutsches Wb. 6 Sp. 1120). Weigand 1 S. 1127 erklärt Löffel als: Lecker, buhlerischer Schönthuer, läppischer Mensch. Löffel als Eigenname eines Narren s. Fastnachtspiele 287, 3. Vgl. heutiges *Rotzlepel*, frecher Mensch (nd. Korrespondenzbl. 16 S. 11).
Lyckctuppe oder *Lycketuppe* (s. zu V. 1598) ist der Schmarotzer.
Funkeldune bezeichnet gewiss nicht „den auf der Düne, der Sandbank Funkelnden (das Irrlicht?)", wie Ettmüller will, sondern Funkeldune ist, wie schon Drosihn richtig bemerkt hat, eine verstärkende Zusammensetzung von *dun*, betrunken, etwa wie man noch heute sagt: sternbesoffen. Zu *Funkel-* vergleicht Latendorf a. a. O. Nr. 65 S. 2 Anm. das Wort *Finkeljochen*, ein schlechter gemeiner Branntwein (Dähnert S. 119).
Der Name *Crumnase* erklärt sich von selbst.

V. Verhältnis des Redentiner Spiels zu andern Osterspielen. Die Aufführung.

Wirth S. 142 hat das Verhältnis der bekannten Osterspiele zu einander durch eine graphische Darstellung zu erläutern gesucht. Darnach wäre die Hauptvorlage für das Redentiner Spiel die Innsbrucker Auferstehung (bei Mone, Altteutsche Schauspiele S. 107 ff.); als Nebenvorlage käme in Betracht das übrigens aus derselben Vorlage geflossene Wiener Osterspiel (bei Hoffmann von Fallersleben Fundgruben 2 S. 296 ff.) Die Innsbrucker Auferstehung ist erhalten in einer Handschrift von 1391, geht aber auf eine ältere Vorlage zurück, deren Abfassung in den Anfang des 14. Jahrh. fallen dürfte [4]). Die Sprachformen des Stückes weisen ihm seinen Ursprung in Mittel-

---
[1]) Riehm 1 S. 158.
[2]) ebd. 1 S. 162.
[3]) Wuttke, Der deutsche Volksaberglaube der Gegenwart² S. 42. Simrock, Deutsche Mythol. S. 480.
[4]) Mone a. a. O. S. 1 f.

eutschland, genauer in Hessen oder in der Wetterau[1]) an. Die Iandschrift, welcher das Wiener Osterspiel entnommen wurde, ist von 472, giebt aber auch eine ältere Vorlage wieder. Es kann nicht in Abrede gestellt werden, dass die Innsbrucker \uferstehung in ihrer ersten und zweiten Handlung — denn nur diese :ommen in Betracht — dem Redentiner Spiel in vieler Beziehung :hnelt. Auch dort haben wir die Beratung der Juden (50—65), ihre /erhandlung mit Pilatus (66—91); dann allerdings sendet Pilatus :inen nuntius *in alle judescheit*, um Grabhüter zu werben, und zwar nit dem Erfolge, dass sich vier Ritter bereit finden lassen (92—122); .ie stellen sich Pilatus und den Juden vor und ziehen mit dem üblichen ;esang zum Grabe (123—145), wo sie nach kurzem Gespräch ein- ;chlafen (146—157). Es folgt nach einer Ansprache des Engels die \uferstehung (158—167)[2]). Pilatus heisst seinen Boten zum Grabe ;ehen und die Ritter zur Wachsamkeit ermahnen, der Bote aber indet sie schlafend und meldet das seinem Herrn, worauf Pilatus ;elbst zum Grabe geht und die Ritter schilt, die sich dann einander Vorwürfe machen und handgemein werden (168—203). An diese Scene schliesst sich die Höllenfahrt Jesu, die Erlösung der gefangenen Seelen, als deren Vertreter Adam und Eva redend eingeführt werden, sowie das Auftreten der anima infelix eines Bäckers, den ein diabolus zurückhält und der gleich seine Beichte ablegt[3]) (204—270). Der aller Seelen beraubte Lucifer ratschlagt mit Sathanas, wie die Hölle wieder zu füllen sei und giebt ihm ein langes Verzeichnis von Personen aller Stände mit, die er zur Hölle bringen soll (271—361). Darauf erscheint dann Sathanas mit seiner Beute: einem Schuster, einem Kaplan, einem Bierschenken, einem Fleischhauer, einem Schneider und einem *helser*; sie alle legen ein Geständnis ihrer Schuld ab und werden von Sathanas zur Hölle geführt (362—405). Schliesslich Klage Lucifers über die Folgen seiner Hoffart (406—421).

Die vielen Aehnlichkeiten in der Anlage beider Stücke sind augenfällig. Ja noch mehr: sogar einzelne Reden im Redentiner Spiel, namentlich in den Teufelscenen, gemahnen sehr stark an die Innsbrucker Auferstehung[4]). Dass indessen das Redentiner Spiel direct aus dem um anderthalb Jahrhunderte älteren Innsbrucker geflossen sein sollte, ist höchst unwahrscheinlich; mindestens müssen wir eine oder mehrere Zwischenstufen, die wir zur Zeit nicht kennen, annehmen. Im übrigen verhält sich das Innsbrucker Spiel, dessen hier einschlagende Handlungen 421 Verse füllen, zum Redentiner, welches deren 2025 zählt, wie eine roh umrissene Skizze zu einem fein ausgeführten Gemälde. Wie dürftig sind dort die Scenen am Grabe behandelt! Und wie

---

[1]) ebd. S. 10. Weinhold a. a. O. S. 19 Anm. 2.
[2]) Mone S. 114 Z. 2 v. ob. hat wohl falsch gelesen; statt *here* muss es natürlich *quare* heissen.
[3]) Diese Beichte steht im Innsbrucker Spiel an ganz verkehrter Stelle; sie gehört in den Abschnitt 366—401 (s. weiter unten).
[4]) Die wichtigsten Aehnlichkeiten sind in den Anmerkungen hervorgehoben.

kümmerlich nimmt sich dort die Beichte der eingefangenen Seelen aus, neben der dramatisch belebten Gerichtsscene bei dem Redentiner Dichter. Weit weniger nahe, wie mir scheint, als der Innsbrucker Auferstehung steht unser Stück dem Wiener Osterspiel. Dagegen bieten zu dem Redentiner Teufelspiel viele Analogieen die betreffenden Scenen des IV. Erlauer Spiels, und eine enge Verwandtschaft scheint mir stattzufinden zwischen dem Redentiner Spiel und den einschlägigen Handlungen des Pfarrkircher Passions [1]), dessen vollständige Veröffentlichung sehr wünschenswert wäre. Charakteristisch ist auch für beide Spiele, dass in ihnen die Teufelscomödie nicht ein zufälliges Anhängsel bildet, sondern mit dem Vorausgehenden und dem religiösethischen Zweck desselben einen tiefliegenden Zusammenhang hat.[2] Das IV. Erlauer Spiel entstammt dem 15. Jahrhundert, eine genauere Datierung hat der Herausgeber Kummer nicht gegeben. Jünger als das Redentiner Spiel ist der Pfarrkircher Passion, der aber seinerseits aus einem älteren, dem Tiroler Passion geflossen ist [3]); die Entstehung des letzteren dürfte in das erste Drittel des 15. Jahrhunderts fallen [4]. An einen unmittelbaren Zusammenhang des Redentiner Spiels mit dem Tiroler Passion zu denken verbietet die räumliche Entfernung. Indessen haben sich, wenn Wirth S. 143 recht hat, die von Süddeutschland ausgehenden Passionsspiele später nach Mitteldeutschland verbreitet, wo sie mit den vom Rhein ebendorthin gelangten Osterspielen zusammentrafen, diese teilweise beeinflussten, noch mehr aber von ihnen selber beeinflusst wurden. So werden wir denn auch hier wieder nach Mitteldeutschland gewiesen; dort dürfte die zur Zeit nicht nachweisbare directe Vorlage für das Redentiner Spiel zu suchen sein.

Diese Vorlage hat vermutlich auch eine Scene enthalten, deren Fehlen bei dem sonst so trefflichen Aufbau des Redentiner Spiels sehr störend empfunden wird: die Frauen am Grabe. Ohne diese Scene ist die Rede des quartus miles 852—859 ganz unsinnig. Die Innsbrucker Auferstehung hat diesen Auftritt, aber erst im Anschluss an das Teufelspiel und verquickt mit einer breit ausgeführten Krämerscene; auch im Wiener und im Sterzinger Osterspiel, im Alsfelder und im Donaueschinger Passionsspiel und in der Frankfurter Dirigierrolle treten die Frauen erst nach der Auseinandersetzung der Grabwächter mit den Juden und mit Pilatus auf, während nach der Anlage unseres Stückes die Scene ihren Platz zu Beginn der dritten Handlung, nach Vers 754, finden müsste. Und an dieser durchaus gebotenen Stelle erscheinen die Frauen denn auch wirklich im Pfarrkircher Passion [5]). Ob der Redentiner Dichter es war, der diese notwendige Scene mit Bewusstsein wegliess, oder ob der mit Papiermangel kämpfende Abschreiber sie überschlug — wer will das sagen?

---
[1]) So weit sich das aus der Inhaltsangabe bei Wackernell S. 91 erkennen lässt.
[2]) Wackernell S. 101.
[3]) ebd. S. 118. 143 ff.
[4]) ebd. S. 154 f. 167.
[5]) ebd. S. 95.

Im übrigen möchte ich nicht in den Fehler verfallen, den mir diejenigen zu begehen scheinen, die bei grösseren Uebereinstimmungen zweier Spiele, ja selbst bei gelegentlichen Anklängen des einen an ein anderes, sofort ein Abhängigkeitsverhältnis construiren. Derartige Anklänge an andere Spiele finden sich in unserem Stücke, abgesehen von seiner gemutmassten Vorlage, sehr viele, zum Teil an Stellen, wo man sie nicht suchen sollte¹). Soll man nun aus solchen Anklängen schliessen, dass unser Dichter bei seiner Arbeit eine Anzahl anderer Spiele vor sich liegen hatte und je nach Bedarf das eine oder andere benutzte?²) Das glaube wer will. Vielmehr wird man sich gegenwärtig halten müssen, dass bei allen Spielen gleicher oder verwandter Gattung gewisse Aehnlichkeiten sich naturgemäss einstellen mussten, da die Dichter fast überall auf die gleichen Quellen angewiesen waren, da selbst für frei erfundene Scenen sich schon früh eine feste Gestalt herausbildete, die einzelnen Spielmotive bald Gemeingut Aller wurden. Es ist das Verdienst von Wirth nachgewiesen zu haben, wie sich sprachliche und stilistische Eigentümlichkeiten von den älteren Verfassern geistlicher Spiele auf die späteren fortgeerbt haben, wie Charakter und Form vieler Scenen sich traditionell fortpflanzten (S. 147). In der zweiten Hälfte des 15. Jahrh. blickte man schon auf eine Jahrhunderte alte, wohl niemals unterbrochene Spielübung zurück. Ich meine, es kann einem Dichter jener Zeit keine besonderen Schwierigkeiten gemacht haben, ein Osterspiel zusammenzustellen. Nicht darauf kam es an, was er bot, sondern nur darauf, wie er es bot, nur in der individuellen Gestaltung der traditionellen Formen und Motive konnte sich der Dichter bewähren. Ein bischen Talent war zwar erwünscht, aber zur Not ging es auch ohne das, wie die Mehrzahl unserer geistlichen Spiele beweist. Was ein dichterisch begabter Mann aus seinem Stoffe machen konnte, selbst wo er sich auf den alten Bahnen bewegt, das hat uns der Dichter des Redentiner Spiels gezeigt, welches bei jeder Vergleichung mit anderen Oster- oder Passionsspielen nur gewinnen kann. Hier finden wir „überall rasch und lebendig fortschreitende Handlung, nirgends sich breit machende Moralisation, wie sie sonst wohl zuweilen solchen Stücken eigen ist" (Ettmüller); überall auch ein weises Masshalten selbst in den komischen Effecten. Daher z. B. nicht die Prügeleien der Grabhüter unter einander, wie in der Innsbrucker Auferstehung und im Pfarrkircher Passion, oder zwischen den Rittern und den Juden, wie im Wiener Osterspiel und im Alsfelder Passionsspiel. Manche Scenen sind gegen andere Spiele in origineller glücklicher Weise erweitert — man denke nur an die Rolle, die der Turmwächter spielt —, stellenweise sind

---

¹) Vergl. z. B. die Anm. zu 1935 ff.
²) So ungefähr scheint Wirth S. 129 die Sache aufzufassen. Wenn er übrigens unter den vom Dichter des Redentiner Spiels benutzten Quellen und Vorlagen S. 130 auch Schriften von Nic. Gryse aufführt, so ist das ein starker Lapsus; Gryse wurde 1543 geboren. Ebenso ist natürlich auch die Möglichkeit einer Benutzung des Reinke Vos ausgeschlossen.

gute Versuche zu einer Charakterisierung der einzelnen Personen gemacht: eine wie köstliche Figur ist der Pfaffe! Und das Ganze getragen von einer frischen, volkstümlichen, an treffenden Sprichwörtern reichen Sprache, dazu die anmutende niederdeutsche Localfärbung, so dass man sich wie von einem frischen Erdgeruch angehaucht fühlt, — das Alles sind die grossen Vorzüge unseres Spiels. Ob das Redentiner Spiel jemals aufgeführt ist, wissen wir nicht. Konnte es überhaupt in Redentin aufgeführt werden? Ich habe seinerzeit Germania 14 S. 181 f. mich dahin ausgesprochen, dass unser Spiel, wenn überhaupt, auch am Orte seiner Entstehung über die Bretter gegangen sei, bin aber anderer Meinung geworden. Ein Spiel wie das unserige verlangt doch offenbar einen scenischen Apparat und eine Menge von Handelnden, wie sie in der curia Redentin sicherlich nicht aufzutreiben waren, wohl aber in der nahen Hansestadt Wismar. Allerdings ist unser Stück, wenn wir Redentin als Ort der Aufführung denken, trefflich localisiert, aber die Verhältnisse passen eben so gut für Wismar, ein Feind, der bereits Poel erreicht hat. ist auch für Wismar nahe genug, auch für die Wismaraner ist es dann Zeit, an Gegenwehr zu denken. Auch konnte der Wächter in Redentin nicht wohl von *unser borger meghede* (769) reden, das passt viel besser auf die Stadt Wismar[1]). Die Beziehungen von Redentin zu Wismar mussten natürlich bei der geringen Entfernung sehr zahlreich sein, mögen sie in Urkunden immerhin als „rein geschäftsmässige"[2] sich darstellen, zumal da das Kloster Doberan wie in Rostock so auch in Wismar einen eigenen Hof, den „Abtshof", hatte. Der Dichter, der in Redentin schrieb, konnte also sehr wohl an das nahe benachbarte Wismar als an den Ort der Aufführung seines Stückes denken. Freilich mochte die fortschreitende Pest (s. oben S. 8) der Aufführung eines Osterspiels zunächst hindernd in den Weg treten.

Wie dem auch sei, „eine der alten hohen grossen Kirchen Wismars" war gewiss nicht „der richtige Ort für die Vorführung des Redentiner Spiels"[3]). Das wäre ein Anachronismus. In der zweiten Hälfte des 15. Jahrh. war das geistliche Drama, mögen immerhin Ausnahmen stattgefunden haben[4]), längst der Kirche entwachsen und hinausgetreten auf den freien Markt. Nicht etwa, dass die stärkeren Freiheiten in der Entwickelung der Spiele ihnen die Kirche verschlossen hätten: nur der immer wachsende Drang zur Oeffentlichkeit war die Veranlassung dazu und der immer zunehmende und verwickelter werdende scenische Apparat. Eine Darstellung, in welcher die Juden. Pilatus mit dem Pomp eines römischen Statthalters, umgeben von einer Leibwache bewaffneter Söldner, in welcher die Schaaren der Engel die Altväter und Lucifer mit seinen Teufeln auftreten; eine Bühne. welche die Synagoge und den Palast des Pilatus, das heilige Grab.

---

[1]) Wie auch Freybe, Das Mecklenburger Osterspiel S. 61 angenommen hat
[2]) Freybe, Die Handschrift etc. S. 16.
[3]) Korrespondenzbl. d. Ver. f. nd. Sprachforschung 15 S. 37 Anm.
[4]) Wackernell S. 10.

die Hölle und das Paradies umfassen soll, beanspruchten einen grösseren Raum als eine Kirche gewähren konnte. Auf einem freien Platz also müssen wir uns die Bühne unseres Spieles denken, auf einem Platze womöglich, der dem Turmwächter einen Blick auf die See und die Insel Poel gestattete. Wie sich im übrigen die Einrichtung der Bühne zu gestalten hätte, ergiebt sich aus dem Scenarium ziemlich von selbst.

Um die Zeit der Entstehung des Redentiner Spiels hatte das geistliche Drama seinen Höhepunkt erreicht. Damals müssen Aufführungen geistlicher Spiele sehr an der Tagesordnung gewesen sein, denn es gab Leute, welche ein Geschäft damit zu machen glaubten, wenn sie sich das Spielgerät anschafften und damit im Lande umherzogen und Eintrittsgeld erhoben. Der Fall ist für das Jahr 1457 aus Nordhausen bezeugt [1]) und wird schwerlich vereinzelt dastehen.

---

[1]) S. die in mehrfacher Beziehung interessante Notiz in Zeitschr. d. Harzvereins Bd. 23 (1890) S. 328.

Uebersicht.

Prolog: Erster und zweiter Engel 1—18.

Erster Teil.

Erste Handlung.

1. Beratung der Juden 19—40.
2. Die Juden verhandeln mit Pilatus 41—70.
3. Pilatus und die Juden dingen die Grabhüter 71—118.
4. Pilatus und die Ritter am Grabe 119—194.
5. Die Ritter und der Wächter 195—228.
6. Die Auferstehung 229—260.

Zweite Handlung.

1. Die Altväter in der Vorhölle 261—373.
2. Lucifer und die Teufel 374—486.
3. Christus in der Vorhölle 487—682.
4. Michael führt die befreiten Seelen in das Paradies 683—754.

Dritte Handlung.

1. Die Ritter am Grabe 755—805.
2. Die Ritter vor den Juden 806—889.
3. Die Ritter zu Pilatus entboten 890—907.
4. Die Ritter vor Pilatus 908—977.
5. Die Ritter wieder bei den Juden 978—995.
6. Pilatus begnadigt die Ritter 996—1043.

Zweiter Teil.

1. Lucifer sendet die Teufel aus, neue Seelen zu fangen 1044—1153.
2. Rückkehr der Teufel und zweite Aussendung 1154—1313.
3. Ankunft der Teufel mit Beute 1314—1349.
4. Lucifer als Richter über die gefangenen Seelen 1350—1653.
    Der Bäcker 1315—1383.
    Der Schuster 1384—1419.
    Der Schneider 1420—1455.
    Der Krüger 1456—1503.
    Der Weber 1504—1533.
    Der Metzger 1534—1565.
    Der Höker 1566—1597.
    Der Räuber 1598—1653.
5. Lucifer und Funkeldune 1654—1691.
6. Lucifer in Unruhe über Satans Ausbleiben 1692—1711.
7. Satan, Lucifer und der Pfaffe 1712—1929.
8. Lucifers Klage und Abführung 1930—1985.

Schlussrede 1986—2025.

TEXT.

Primus angelus dicit:
Swiget al ghelike,
Beyde arm unde rike!
Wy willen ju eyn bilde gheven,
Wo sik van dode heft up gheheven
5 Godes sone Jhesus Crist,
De vor ju ghestorven ist.
Wo de upstandynghe is gheschen,
Dat moghe gy alle gherne sen.

Secundus angelus:
Settet ju nedder unde vrowet ju,
10 De hyr sint ghesammelt nu!
Vrowet ju an desser tid:
Gy moghen werden van sunden quyt.
Got de wil in desser tyt losen
De dar laten van dem bosen.
15 De dar huten myt gade upstan,
De scholen vrig van sunden gan.
Up dat ju dat allent sche,
En jewelk hore unde se.

Primus Judeus:
Caypha unde gy heren aver al,
20 Ene rede ik ju saghen schal:
Desse Jhesus wolde godes zone wesen,
He sede, he wolde van deme dode wol nezen.
He sprak sere gruwelike wort,
De er van manne sint je ghehort:
25 He wolde up stan an deme drudden daghe.
Dar umme ik ju dat saghe:
Gy moten dat graf laten bewaren,
Dat he uns nycht kone untvaren.
Bringet ene sine jungere hemelken van dan,
30 So spreken se, he sy van dode up ghestan.

Cayphas dicit:
    Jode, du sprekest ware mere.
    Weret, dat syne jungere
    Ene vorstelen unde nemen,   [Bl. 2ᵃ]
    Des mochte wy uns wol sere schemen.
30 Wille gy don na myneme rade,
    So schole gy ju bereyden drade
    Unde scholen to Pylatese gan
    Unde laten em desse rede vorstan,
    Alzo gy sulven hebben ghehort.

[Judei:]
40 Dat wille we don alzo vort.

Ad Pilatum primus Judeus:
    Got grote di, Pilatus here!

[Pilatus:]
    Sprek up, jode, was brinxtu nyer mere?

Secundus Judeus:
    Pilate, wy bydden, dat du gutliken willest untfan
    Rede, de wy di laten vorstan.
45 Pilate, des is uns not:
    Wy bidden dy dor den levendeghen got,
    De dar schop lof unde gras,
    Dat du Jhesum, de vor dineme richte was,
    Willest laten waren.
50 We vruchten, dat syne jungere here varen
    Unde nemen synen licham dar ut
    Unde spreken denne al averlut,
    Jhesus de si up ghestanden.
    So mochte we wiken myt allen schanden.

Pilatus dicit:
55 Wane! begynne gy nu to reven?
    Love gy, dat en dot man werde leven?
    Dot ju der rede af
    Unde bewaret sulven dat graf.

Primus Judeus:
    Pilate, wultu weten —
60 Ik en hebbe nicht vorgheten —:
    Jhesus let synen jungeren dicke vorstan,
    He wolde an deme drudden daghe levendech ut deme
                                            grave gan.
    Dat sede he al apenbar.
    Des vruchte we syne groten schar,

65 Der is gar unmaten vele.
Uppe dat me den licham nycht enstele,
So schicke us hude,
Pilate vul gude!

Pilatus dicit:
Wil ik wesen myt ghemake,
70 So mut ik ju schicken hude unde wake.

Pilatus dicit militibus:
Myne riddere stolt,
Me schal ju gheven sulver unde golt,
Dat gy bewaren Jhesum,
Den se heten Nazarenum.
75 Waket wol umme dat graf,
Dat den licham numment neme dar af.

Primus miles:
Nu set, mit wolken saken
Schole we enen doden man waken?
Gy vruchtet, dat nycht to vruchtende stat.

Secundus miles:
80 Wat mach uns schaden dat?
Wy willen nemen ere gave
Unde gan myt em to deme grave.
Wilme uns dure mede gheven,
We waket so lef den doden alzo den leven.

Primus miles:
85 Truwen, so wil ik der huder en wezen.
Vor my schal he nicht ghenezen.
Begunde he ok van dode up stan,
Ik wolde ene wedder to der erden slan.

Secundus miles:
Ik wil de ander huder syn,
90 Scholdet ok kosten dat levent myn.
De schande schal uns nummer schen,
Dat he schal van dode up sten.
Ik spreke dat an desser stunde:
Dat he des wol begunde,
95 Ik woldet myt em alzo an clyven,
He scholde vor mynen voten dot blyven.

Tertius miles:
My behaget wol desse rede.

---

70. schicke. 83. dre.

Ik wil ok juwe kumpan wesen mede
Unde helpen enc ju so bewaren,
100 Dat he uns nycht schal untvaren.
Were he ok noch so behende,
We willen ene beholden sunder ende.

Quartus miles:
Ik bun ok en starker helt,
Ik wil ok helpen bewaren dit velt.
105 Mit truwen unde myt eren
Wil ik denen Pilatese myme heren.
Steit he up, er id daget,
Ik gheve ju myne mome vor ene maget.

Primus Judeus:
Gy rittere, dat schal ju nummer ruwen!
110 Ik segghe ju dat myt truwen:
Beware gy wol den helt,
So wert ju dat rede ghelt
Betalt up deme brede.

[Expositor ludi:]
Des so gynghen se mede.

Primus miles: [Bl. 2ᵇ]
115 Nu tredet vor, gy recken,
Latet uns to grave trecken.
Dat ghelt maket den helt springhen.
Woldan, ik wil ju vore synghen!

Servus Pilati:
Wiket al ghelike,
120 Beyde arm unde rike!
Gy scholen alle van desser straten keren
Unde rumen Pylatuse myme heren.
He wil umme alzo dane sake here kamen,
Des de joden scholen nemen vramen.

Pilatus:
125 Salomon, ik holde di vor den besten.
Du scholt hir ligghen in dat westen,
Dar scholtu de stede alzo bewaren,
Dat di Jhesus nicht moghe entvaren.
Lestu di ene untslyken,
130 Ute deme lande scholtu my untwiken.

---

115. tredet *über einem dick rot durchstrichenen Worte.*
123. wil alzo umme dane.

Primus miles:
Ik ga ligghen in dat westen,
Wente ik holde my ok vor den besten.
Dessen ort wil ik bewaren.
Kumpt hir jemant here varen,
135 Deme wil ik alzo moten,
He mochte sik lever laten des kynkhostes boten.
Myn swert het Mummink
Unde loset platen pantzer unde rynk,
Dat wil ik harde by my han
140 Unde wil dar mede sitten gan.
Oft he wil van dode up stan,
Ik wil ene wedder to der erden slan.

Pilatus:
Sampson, du scholt hir an deme norden syn
Unde vorvullen alzo dat bot myn,
145 So du dat lon wult van my untfan.
Ik bun dyn vrunt al sunder wan.
Wes myneme denste truwe unde holt,
Ik wil dy gheven riken tzolt,
Unde bedenke dat to voren:
150 Woldat de en wart ne vorloren.

Secundus miles:
Ik legghe my hir an dat norden.
Queme hir jemant, den wolde ik morden,
Id sy tam edder wilt,
Wente ik bun gheheten Howeschilt,
155 Unde wil hir gan sitten,
Dar ik ene moghe besmytten
Mit myme vresliken swerde,
Oft he wolde upstan ut der erden.

Pilatus:
Hore, gummen Boas van Thamar,
160 Du bist an dynen synnen harde swar:
Du scholt jo bequeme syn
Unde volghen jo der lere myn.
In dat osten scholtu dy strecken.
Wolde Jhesum jement wech trecken,
165 Dar scholtu alzo sen to,
Dat he uns mer nenen schaden en do.

Tertius miles:
An dat osten wil ik my legghen
Unde dreghen my up myne brunen egghen.

---
136. laten de k.

Myn swert dat het Klynghe
170 Unde is scharp rechte so en swynghe,
Dat ruschet an myner scheyde.
Tros! dat myner iemant beyde,
Ik wolde em dat ben beselen,
He scholde en jar an der hasen quelen!
175 Desse sulve stede wil ik kesen,
Myner ere wil ik nycht vorlesen.
Ik segghe ju dat al vor war:
Steyt he up, yd schal em werden swar.

Pilatus:

Myn truwe ridder Sadoch,
180 Du hest vram wesen wente noch.
In dat suden wil ik dy wisen,
Du scholt di dar an prisen,
Datu moghest desse tid waken.
Wente id is nicht sunder saken:
185 Scholde he an der drudden nacht upstan,
Des moste [gy] alle schande han.

Quartus miles:

Ik ga hir liggen an der suder siden.
He schal uns nycht entgan edder riden.
Krighe ik myn swert an myne hant,
190 Ik wil ene drenghen up de want,
Dat em alle syne ribben scholen knaken.
Dar to so helpet my alle wol waken
Unde latet ju den slap nicht bedregen. [Bl. 3ᵃ]
Unbestraffet schal he uns nicht untvleghen.

Vigil cantat et uno versu*) finito dicit:

195 Gy riddere unde gy helde,
Denket an de ghelde
Deme ju ghelavet hat.
Juwer malk do mannes dat!
Oft sik dat ghevalle,
200 Ik wil ju helpen myt myme schalle.

Primus miles:

Wachter, myn leve vrunt,
Wake myt uns an desser stunt.
Wes uns truwe unde holt,
Dat vramet di sulver unde golt.

---

194. Unbestroffet.
*) verso.

Et sic ponit se dormiens. Tunc cantet vigil et post unum versum dicit:
205 Wake, ritter kone!
Tuschen Hiddensee unde Mone
Dar se ik wol twe,
De vleten an der wilden see
An eyneme korve, des dunket my.
210 Rytter ghemeyt, nu ware dy!

Secundus miles:
Wachter, leve bole,
Segghe my wen se sint by Pole,
So wyl ik my to der were stellen
Unde spreken to mynen ghesellen.

Et sic ponit se dormiens et vigil cantet et post versum dicit:
215 Wake, ritter stolt,
Unde vordene myt eren dyn golt!
Wake, rydder, id is middernachtesstunde!
Ik hore lude bleken de hunde,
Se schryen unde bellen.
220 Sprek to dynen ghesellen!

Tertius miles:
Wachter, leve neven,
Alle mynen schat wil ik dy gheven,
Dat ik moghe eyn kleyne slapen.
Werliken, ik kan nicht lengher japen
225 Van groter unrowe.
So helpe my des keysers vrowe!
Ik mut den oghen voder gheven,
Scholde ik dar umme werden vordreven.

Angeli: 'silete!' Raphael super sepulcrum cantet: 'dormite' etc.:
Slapet, gy wachter an deme grave!
230 Oft got syn werf hir have,
Dat gy des nicht ensperen
Unde myt nenen dinghen keren.

Iterum cantantes simul. Uriel: 'Exurge' etc. Dicit [Michael] angelus quartus:
Sta up, here, gades kynt,
Deme we underdanych synt!
235 Sta up, gotlike trost!
Alle scult is nu ghelost,
Alle dynk werden nu vullenkomen,
Sunt dine mynscheit heft to sik namen
De gotliken clarheit,

---

238. Suntu dine mynscheit hest to dy namen.

240 De nu leflikcn an dy steyt.
  Sta up, here, des beghere wy,
  De we to allen tiden denen dy!
  Sta up, here, van dynere rowe,
  Alre mynschen vroude!
245 Du up de archa dyner hillicheit,
  De hir an desseme grave is bereyt!
  Sta up, mynsche unde got!
  Du lidest nycht mer pine ofte not.
  Sta up van aller pyn!
250 Du bist dynen uterkornen en ewich schyn.

Tunc fit terre motus. Jhesus surgens cantet: 'resurrexi'.

Jhesus:

  Nu synt alle dynk vullenbracht,
  De dar vor in der ewicheit weren bedacht,
  Dat ik des bitteren dodes scholde sterven
  Unde deme mynschen gnade wedder vorwerven.
255 Des bun ik nu up ghestan
  Unde wyl to der helle gan
  Unde halen dar ut Adam myt Even
  Unde alle myne leven,
  De to der vroude synt ghebaren,
260 Dede Lucifer myt homude heft vorlaren.

Post hec exultantibus animabus in inferno Abel dicit: [Bl. 3ᵇ]

  Ik vraghe ju alto male,
  De dar sytten an desser quale:
  Wat mach desse grote clarheyt beduden,
  De we hebben vornamen huden?
265 Wat uns got nuwerlde an desseme elende
  Alzo grot en licht sende?
  Dat is en wunnechliker schyn.
  Ik bun Abel, den syn broder Cayn
  Mordede ane schult.
270 De martel hebbe ik gheleden myt dult.
  Ik hope, des schole en ende syn,
  Dat betughet desse schyn.

Adam:

  Vrowet ju an desser stunt,
  De dar sytten an desser dusteren grunt!
275 Wy scholen werden van pyne slycht.
  Dyt is des ewighen vaders licht,
  Dat van em scholde kamen

---

243. an dyne rowe. 244. vrawe. 245. Du vn̄ de. 274. duster. 276. Deyt.

Uns to allen vramen.
De vader an der ewicheyt
280 De schup my Adam in aller wunnicheyt,
De ik in deme paradise hebbe vorloren.
Nu hope ik, dat he sy ghebaren,
De uns al ghewis
Wedder gheven wyl dat paradis.

Isayas:
285 Ik bun Ysayas, en der propheten.
Gy scholen vor ware weten,
Dat dyt si des gotliken vaders schyn,
Dar af spreken de boke myn.
Ik sprak: 'populus gentium qui ambulabat in tenebris,
290 Vidit lucem magnam: habitantibus in regione umbre
mortis, lux orta est eis.
Dat volk der heydenen wanderde an der dusternisse
Unde sach enen groten schyn ghewisse;
De dar wanderden an deme lande der dotliken schemen,
Eynen schyn se to sik nemen.'
295 Dat is desse, des love ik wol,
Unde uns drade losen sol.

Symeon:
Ik bun Symeon de alde.
Nu vrowet [ju] alle balde,
Lovet alle dessemc heren,
300 Den ik myt so groten eren
In den tempel eyn kyndelyn nam,
Do he na syner myldecheyt to my quam.
Ik wart ghevrowet zere
Unde sprak an dem ghesto: 'gutlike here,
305 Vorlat my an dinen vrede,
Dat ik van desser werlde trede.
Myne ogen hebben beschowet dinen heil.
Got mynsche, lat my myt dy werden deyl.'
Dat heyl is aller lude:
310 He wil kamen hude
Unde losen syn volk van Israel.
He is de rechte Emanuel.
Et cantent: 'lumen ad revelationem' etc.
We is desse vromede man,
De dit ruge clet heft an?
315 He is io to van der werlde komen.
Segghe uns, hestu van gade gycht vornamen?

---
289. 290. qui am in tenebris Vidit lu. m ha in regione v̄ mortis lux ör est
s. 290. Du dar. 307. beschowen.

Baptista:
Werliken, ik bun eyn doper
Unde bun eyn vorloper
Jhesu Christi des ewighen gades
320 Unde en predeker synes bodes.
Ik hebbe em den wech an der wostenye
Bereydet mit der predekie.
Ik hebbe ene an der Jordanen doft:
Des en hadde he nycht bedroft,
325 Wen dat he alle dink vorvullen wolde
Alzo dat wesen scholde.
Ik wisede ene myt myner vorderen hand
Unde sprak: 'se, dit is de heylant!
Dit is dat ware gades lam,
330 Dat dar van deme hemmele quam.
He is de der werlde sunde drecht.
He is myn here unde ik bun syn knecht.'
Nu bun ik to ju kamen,
Des moghe gy nemen vramen.
335 Lovet my des by gade,
Ik bun syn ware bade.
He is hir nagher by
Dede wil losen ju unde my.
Et cantent: 'ecce agnus dei'. [Bl. 4ᵃ]

Seth:
Myn vader Adam lach an groter krankheyt
340 Unde an des dodes arbeyt.
He sprak: 'hore, sone, my,
Eynes dynghes bydde ik dy:
Ga to deme paradise
Unde sprek an desser wise:
345 „Got vader alleweldich,
Adam myn vader biddet dich,
Dat du em willest gheven
Bi dime engele de[n olye der] barmeharticheit, dat
he moghe leven."'
Dat warf ik na myns vaders boden.
350 Do sprak de enghel van gade —
Dat was de enghel Michael —,
He sprak: 'Seth, lat dyn wenent snel!
De olye mach dy nycht werden.'
He sprak: 'men pate dyt ris an de erden:
355 Wen vif dusent jar synt umme kamen
Unde sos hundert, dat mach dinen vader vramen
Unde alle syme slechte.'

---

339. krabeyt. 356. Vñ vj hūdert.

Hebbe ik dat vornamen rechte,
So is de tyd al vullenbracht.
360 Got heft unser wol ghedacht.
He wil uns losen mit desseme schyne
Van der dusternissen pync.

Ysayas:
Truwen, is dat alzo,
Des wille [we] wesen alle vro.
365 Ik hebbe gheprophetheret an der erden:
Van eyner juncvrowen schal en kynt ghebaren werden,
He wert ghenomet wunderlik,
Eyn vorste des vredes, got sterflik,
En vorste van allen vrede,
370 Syn rike heft nummer uttrede.
Des wille wy uns alle vrowen,
Wy scholen ewichliken myt em rowen.

Lucifer:
Wol her, wol her, wol wol her,
Alle duvelsche her!
375 Wol her ut der helle,
Satana, leve gheselle!

[Sathanas:]
Lucifer, hir bun ik unde myne ghesellen,
De dar leghen an der hellen.

Lucifer:
Satana, wor hestu na ghesleken,
380 Dat ik di bynnen dren daghen ne konde spreken?

Sathanas:
Westu jeneghe nyghe mere?
A ha, Lucifer, myn leve here,
Ik hebbe ghewesen mank der joden schare,
Dar hebbe ik vor ware
385 Vorworven groten schat.

Lucifer:
Leve kumpan, wat is dat?

Sathanas:
Lucifer unde alle duvele slechte,
Du mochst di vrowen van rechte:

---
369. vorste an allē.

Jhesus de prophete unde grote here,
390 De dar sprak, dat he got were,
Den wylle wy schyre untfangen:
He is an en cruce hanghen,
He is an groter not
Unde vruchtet sere den dot,
395 He sprak: 'Tristis est anima m[ea] usque
Helle, du scholt dy bereden to em!
Wo mochte he godes zone syn?
Wente he vruchtet des dodes pyn..

Lucifer:
Got de mach vorsterven nycht,
400 O Satan, bose wycht,
He mach nycht vorsterven,
He wil uns de helle vorderven.
He wil dy gans bedreghen,
Dat en kan nicht gheleghen.
405 Ik hebbe tekene van em vornamen,
De van neneme puren mynschen kamen.
Satana, du bedreghest dy.

Sathanas:
Here meyster, des love my:
Ik hebbe dar nicht verne wesen,
410 Dar he syn testament heft ghelesen.
He drank etik unde gallen,
He mot uns to dele vallen.
Ik richtede dat sper in syn herte,
Do let he des dodes smerte.

Crumnase*):
415 Here, bi myner krummen nesen! —
De rede moghen wol alzo wesen.
Ik was dar ok nagher by,
Dar ik ene sele vorwarf dy:
Ik brachte dy eynen, de het Judas,
420 De syner jungere en was,
Den sulven halp ik henghen
Vaste myt eyneme strenghen.
Do horde ik van Jhesu groten storm,
He want sik alzo en worm,
425 Dar na moste he sterven
Unde schal werden unse erven.

---

389. prophetere.
*) Crünase *von späterer Hand mit roter Schrift hinzugefügt.*
424. warm.

Lucifer:
Leve Satan, heft he den ghest uppegheven,
Wor is denne de zele bleven?

Satanas:
Here Lucifer, ik hebbe rant unde lopen,
430 Nu scholdestu my to dime unheyle rupen.
Dar mede hebbe ik se al vorloren.

Lucifer:
Satan, he is uns ovele baren!
Zegge my nycht unnode:
Is he dat, dede Lazarum weckede van dode?

Satanas:
435 Ja, Lucifer, dat is de sulve man.

Lucifer:
To jodute, Satan!
So bede ik di by den helleschen krechten,
Datu se nicht bryngest an unse hechten!
Lazarus was uns an unse helle gheven,
440 To do dat Jhesus quam even
Unde wolde ene van dode up wecken:
Alto hant sik Lazarus begunde ut strecken
Van den benden der helle
Unde vor wech snelle,
445 Sneller wen de arn.
Owig! kumpt he here varen,
He deyt us unvorwinliken schaden.

Satanas:
Wy moten dar anders mede raden.
Wy willen myt eneme meynen kore
450 Wol bewaren unse dore.

Noytor:
Lucifer, my wundert wat dat bedude:
De zelen veler lude
Syn an groteme schalle,
Se synghen unde vrowen sik alle,
455 Se schrien al aver lut,
Dat se scholen drade ut.
Se hebben vornamen enen glans
Unde hebben eynes monke dans.
Is dat nutte, dat wy besen,
460 Wat dar nyes schole schen?

---

437. hemmelschen knechten. 448. mede varen.

Puk:
Lucifer, wo langhe schal dit waren?
Wille we nicht to der helle varen?
Unse gheste sint to samende laden:
Ik ruke, wat se braden!
465 Dar is Adam,
Isaac unde Abraham,
Jacob unde Noe myt der arken,
Moyses unde alle de patriarchen,
Ysayas unde Asarias,
470 David unde Ananias
Unde alle de propheten —
Ik wet wat se reten! —,
Her Symeon de alde,
Se schrien alzo de vogele an deme grone walde!
475 Dar is en man myt eneme rughen cleyde,
He heft uns dan so leyde,
He is de sulve man,
Deme Herodes let syn hovet af slan,
He is ghekomen van der erden,
480 [He secht,] dat se alle scholen loset werden.
Se hebbet vroude unde depen rat.
Ach unde ach, wat mach. wesen dat?
Wer Jhesus gycht kome?
Gi heren, weset vrame!
485 Wy willen vleghen snelle [Bl. 5ª]
Unde sluten to de helle

Tunc Jhesus appropinquat inferno; quem videns David a longe venientem dicit:
Nu kumpt de here lavesam,
De sprak: 'portas heneas confringam.'
An der sulven schrift
490 De here uns eynen loser gift,
De schal desse eren doren
Deger unde al vorstoren.
Ok sprak ik alzo:
'Exurgam mane diluculo:
495 Ik wil upstan des morgens vro.'
Gades zone dat do!
Lose nu de dynen!
Wente wy sint an pynen.
Et cantet: 'o clavis David.'

Adam dicit:
Gy scholen ju vrowen albedille,
500 De dar levet hebben na gades willen.

---

471. propheteren. 480. Dar se alle scholen af loset. 490. loser *aus* loger *corrigiert.*

Ik se de hant, de my gheschapen hat
Van nychte sunder jeneghes rat,
Unde wil uns losen an desser stunde
Ute desser bitter helle grunde.
505 Dar umme wille wy lude synghen
To willekame deme ewigen konynghe.
Et cantent anime: 'advenisti.'

Eva:
Wes willekame, der bedroveden trost!
Ik hape, wy scholen nu van den pynen werden ghelost.
Dyner hebbe we wardet mennich jar
510 An dusternisse myt sorgen unde myt var.
Des hestu anghesen unse jamergheyt
Unde wilt uns ten to der ewighen salicheit.

Tunc Jhesus accedit ad infernum precedentibus angelis.
Gabriel:
Gy vorste der dusternisse, dut up desse dore!
Hir is de konink der ere vore.
Demones: 'quis est iste' etc.

Lucifer:
515 We is desse weldenere,
De dus komet varende here,
Oft dat al de werlde syn egene sy?
By mynen waren, he mochte des wol vordreghen my,
Dat he aldus stormet vor myner veste
520 Unde let my nicht rowen an myme neste.

Raphael*) tertius angelus:
Dat is des levendegen godes kynt,
De wil lozen de zelen, de hir jnne synt,
Unde wil se bringhen an synes vader riken,
Dar se scholen myt em bliven ewichliken.
525 He brynget se ut juwen benden,
Dar ere vroude nummer werd enden.

Angeli cantent secundo: 'tollite' etc. Demones: 'quis est iste' etc.
Lucifer:
Latet, gummen, juwe storment syn!
Desse zelen, de hir bynnene sint, de sint alle myn.
Ik vruchte, icht gi hir in kamen,
530 Dat we des nemen nenen vramen.
Gi scholen al dar butene stan
Unde uns hir bynnene myt ghemake lan.

---
*) Rapael.
516. kament. 521. leuēdege. 526. erer. 527. gumment.

Angeli tertio cantent: 'tollite' etc. Gabriel secundus angelus:
    Deistu nicht up vil drade,
    Du werst hir bynnene vorraden.
535 Nu to dessen stunden
    Werstu hir ynne bunden
    Myt eneme bande, de is ewichlik,   [Bl. 5ᵇ]
    Al de wile dat got heft syn rik.

Demones: 'quis est' etc.
Lucifer:
    Nu set, is id nicht en wunderlik sede,
540 Dat wy nicht mogen wesen myt vrede?
    Wy hebbet hir jnne want lenger wen vif dusent jar,
    Dat wy ny worden sulkes ungemakes enwar,
    So me uns nu to wil driven.
    Nochten wille we hir al jnne blyven
545 De wile, dat unse veste steyt,
    Dat sy ju allen lef edder leyt.
    David, wol mach desse konink der ere wesen?

David:
    Dar hebbe ik wol af gelesen:
    Dat is de starke here,
550 Mechtich to kyve und aller ere.
    He is de alle dink heft gheschapen.

Lucifer:
    To jodute! so sint vorlaren al unse wapen
    Unde alle unse were,
    Kumpt de weldeghe konink here.

Jhesus:
555 Ik bede dy, grindel an desser helle,
    Dat du openst di vul snelle!
    Ik wil breken de helledore
    Unde halen de mynen hir vore.

Et cantet: 'ego sum alpha et o' etc.
    Ik bun eyn A unde eyn O,
560 Dat schole gy alle weten jo
    De dar syn an desser veste.
    Ik bun de erste unde de leste,
    Ik bun de slotel David.
    De mynen scholen wesen quid.

Satanas:
565 We is desse man myt desseme roden cleyde,
    De uns so vele dud to leyde?

---
547. *Am Rande:* Lucifer. 551. alle alle.

Dat is unhoveliken dan,
Dat uns schal alzo na gan.

Jhesus:
Swich, Satana, drake!
570 Swich, du vordumede snake!
Springet up, gy helleschen dore!
De selen scholen alle hir vore,
De dar bynnene syn ghevangen.
Ik hebbe an deme galghen ghehanghen
575 Dorch de mynen willen deden,
Grote pyne hebbe ik gheleden,
An myne live vif wunden,
Dar mede schal Lucifer werden bunden
Wente an den junghesten dach.
580 Dat is em ewich pyne unde eyn grot slach.
Tunc cum vehementia confringit infernum.
Jhesus:
Wech rat van hynnen,
Alle der helle ghesynnen!
Et arripit Luciferum. Jhesus dicit:
Lucifer, du bose gast,
Du scholt bliven an dessen keden vast.
585 Du scholt hir negest mer malet wesen,
Myne leven scholen vor dy wol ghenesen.
Chorus cantet: 'sanctorum populus'. Anime cantent: 'advenisti'. Jhesus cantet: 'venite benedicti', cum ricmo:
Kamet her, myne benedieden!
Gi scholen mer nene pyne liden.
Ik wil ju voren an mynes vader rike,
590 Dar gy scholen ewichlike
Besitten de lutteren clarheyt,
De sunder ende is ju bereyt.
Et arripit Adam manu d[extra].
Adam, do my dine vordere hant,
Heyle unde salde sy dy bekant.
595 Ik vorgheve dy
Datu hest ghebraken wedder my.

Adam:
Lof sy di unde ere,
Alder werlde eyn here!
Ik unde al myn slechte
600 Was vordomet myt rechte.
Nu wultu na diner barmeharticheit
Uns losen van desser jamerlicheyt.

---
596. heft.

Eva, Eva,
Salich wif, du to my ga!
Et cantet: 'te nostra vocabant sus[piria].'

Jhesus dicit:
605 Du werst an dynen sunden storven,
Nu hebbe ik di myt myme dode wedder worven
Unde wil di bringhen an myns vaders tron.

Eva:
O here Jhesu, godes son,
Ik hebbe ghebroken wedder dy,
610 Do ik let bedreghen my,
Dat ik dyn bot tobrak.
Das hebbe ik ghebuwet der helle vak
Wol vif dusent jar.
Nu bun ik gheloset apenbar.

Jhesus:
615 Volget my myt der gantzen schar!
De mynen willen hebben ghedan,
De scholen alle mede gan.

Tutevillus arripit Johannem dicens: [Bl. 6ᵃ]
Horet, gy man myt deme rugen velle,
Gy blivet myt uns an der helle.
620 Desse olvendes hut
De is uns gut
Oft dat regenen wille.
Westu nicht? ik hete Tuteville,
Du scholt don wat ik wylle.
625 Du bust jo de leste,
Du most bliven by deme neste.

Johannes babtista:
Lat my unghetozet!
Ik bun al gheloset,
Jhesus heft vor my pantquitinghe dan,
630 Ik en derf nycht lenger to ghisele stan.
Gheystu nicht vul drade,
Dy wert en slach to der brade!

Satanas sequitur turbam tenendo Johannem dicens:
Horet, gummen her baptista,
Gy konen vele arghe liste.
635 Wolde gy nu aldus untrynnen?
By mynen waren, gy moten myt my an der helle brynnen!
Wylle gy my denne jo entvaren,
Ik holde ju vaste by den haren.

Baptista dicit:

Sathana, du scholt my laten gan
640 Unde nene menschop myt my mer han!
Mer vare nedder an de hellen,
Dar du ewichliken scholt quellen!
Ik schal my nu tor vroude keren
Myt Jhesum myme leven heren.
645 Deistu des nycht vul drade,
Dy schut noch grotter schade!

Puk dicit:

Here meyster Lucifer,
Gy sint en rechter droghener!
Gy stan alzo en vordorven gok!
650] Me mach ju by den voten henghen in den rok.
Gy mogen wol gan myt den beschorenen schapen
Unde leren van nyes melk lapen.
Wane, is ju schen de sucht mede,
Dat gy ju nycht scheppen vrede?
655 Ik hebbe io dicke hort unde is ok recht,
Dat de elrene here bedwynget den ekenen knecht.

Lucifer:

Wapen nu unde jummer mere!
Wolk en weldener is desse here!
He nympt uns, dat wy mennich jar hebben to hope tagen.
660 Wart je man alzo bedragen?
Wo hemelik heft he dat to weghe bracht!
Twar, we mochten id wol to voren hebben bedacht,
Do he van der maget wart ghebaren,
Dat ne werle was gheschen to voren.
665 Myne kumpane, nu latet ju allen:
Wy willen mer wol bet to sen.
Desse schar was myt unrechte wunnen,
Alzo is se uns wedder untrunnen.

Jhesus:

Michael en enghel clar,
670 Ik antwarde [dy] Adam unde sync schar,
Al wes des is,
De scholtu brynghen in dat paradis,
Dar scholen ze myner warende syn
Unde liden nener hande pyn.

Mychael:

675 Ware gades sone, dat schal werden,

---

653. Wanschen jw is de. 657. Wafen. 664. De ne. 666. be to. 668. *Statt* runnen *stand erst* runghen, *durch einen dicken roten Strich getilgt.*

Wat du wult an hemmel unde an erden.
Ik wil se brynghen an des paradises stede,
Dar se hebben steden vrede.
Du bust got alweldich,
680 Allent wat du bedest mich,
Dat wil ik na den besten
Myt guden willen lesten.

Et ducit animas, que cantent: 'magna consolatio.' Tunc obviis Elye et Enoch dicit Symeon:
We synt desse twe?
Segget uns, wor umme hebbe gy nycht leden we?
685 Gy hebbet nycht an der helle wesen.
Wor umme sint gy vor anderen luden ute lesen?

Enoch:
Ik bun de olde Enoch
Unde leve lifliken noch
So ik was in der erden.
690 Got let my aver sitten unde werden
An deme paradise
Nach syner gotliken wise:
Dar schal ik unde myn kumpan
Alzo lange ane gan,
695 Dat paradis schole wy beriden   [Bl. 6ᵇ]
Wente Antichrist[es] tyden,
So schole we liden den dot
Unde loset werden van der erdeschen not.

Helyas:
Ik bun gheheten Helias,
700 De dar myt ju an der werle was.
Do quam gades macht
Unde syn almechtighe cracht,
De nam my an den hemmele levendich
Myt eneme waghene, de was vurich.
705 De sulve vurighe waghen
Heft uns an desse stede traghen:
Dar schole wy alzo langhe syn
Sunder jeneger hande pyn
Wente Antichrist kumpt an de lant:
710 So werde we wedder nedder sant
Unde scholen syn ware predikere
Teghen syne valschen lere.
Dar umme let he nycht martelen us.

676. añ. 698. erderscher. 713. vns.

So kame wi an der hemmel clus,
715 Dar gy scholen ane rowen.
Des moge gy ju wol vrowen.

David:
Leve vrunt, we bustu,
Dat du wanderst alzo vro
An des paradises garden?

Latro:
720 Wete wy nycht, wes ik warde?
Ik bun de rover, de an deme styllen vrigdaghe
Godes sone to sprak myt myner claghe:
'Here, denk myner gotlike
Wen du kumpst an dynes vader rike.'
725 Do sprak he to my:
'Vor ware ik nu segghe dy:
Du scholt huten myt my syn vor war
An dat paradis so clar.'
He sprak: 'dit cruce scholtu myt dy bringhen.
730 Oft di de enghel wil afdrenghen,
So sprek: „engel gades, dyt is myn warteken,
An deme cruce is got an syn herte steken.
Hir scholtu my bewaren
Wente he kumpt sulven here varen."'
735 Des so warde ik al hir.

[Anime:]
Des so warde wy myt tir.

Angelus: *)
Do des gade behelik was,
Do he schup de werlt unde allent dat dar jnne was,
Do schup he en paradis der wollust,
740 Dar inne rowen scholde des mynschen brust.
Dar wordestu, Adam, inne settet apenbar,
En [mynsche] nach gades bilde clar.
Dar heft dy but gheworpen dyne sunde,
Dar sedder der stunde
745 Mer wen vif dusent jar
Van aller mynschen schar
Numment mochte in kamen.
Nu heft ju got myt syneme dode wedder namen,
Ik schal ju in dit paradis wedder brynghen.
750 Dar se gy en scharp swert vor henghen:

---

721. ān. 727. var war. 730. wal. 746. allen.
*) Angelus *am Rande neben der vorigen Zeile.*

Dar schole gy vruchten nicht vor,
Tredet an des paradises dor,
Wachtet an deme wunliken sale
Went ju got sulven hale.

Vigil cantet versum, postea dicit:
755 Waket, rittere, dat is schire dach,
Ik vorneme der morghensterne slach.
Et tubicinat ter. Iterum vigil dicens:
Id dowet an der owe.
Rytter stolt, brek dyne rowe!
Dat en ritter leghe warm
760 An herteleves arm,
So en konde ik des nicht claghen,
Dat se in deme neste lengher laghen,
Wen id were morghen.
Nu ligghe gy an sorghen.
765 Stat [up], dat is schone morghen!
Et tubicinat adhuc ter, vigil dicit:
Wapen! wapen!
Wille gy den gansen dach slapen?
De sunne mach ju in den saghel schynen.
Unser borger meghede hebbet alrede papent eren swynen.
770 Ik dorf ju nicht pipen myt deme horne,
Me mach ju wol luden de clocken uppeme torne.

Primus miles post tibicinationem:
Wol up, ritter unde knapen,
Hir is alto langhe slapen!
Id is uns lesterliken gan,
775 Jhesus de is up ghestan!
Id was ene vorvlukede stunde,
Do ik des begunde.
Hir is vorlaren gut unde ere,
Des moghe we uns wol schemen sere.

Secundus miles:
780 Wane, wane! my dromede alzo unsachte,
Ik [en] wet an welker achte.
Ik wet nycht, wat ik saghe. [Bl. 7ᵃ]
Eyn grot ertbevynghe quam vor deme daghe,
De heft uns allen leyde dan,
785 Ik mochte noch sitten noch stan.
Eya, dat sede ik wol to voren,
Gy wolden myner leyder nycht horen.

---

766. Wafen wafen.

Syne jungere sint ghekamen
Und hebben uns den man ghenamen.

Tertius miles:
790 Owe des slapes, des wy slepen!
Dat wy den wachtere nycht an en repen!
Jo wolde we syner to wys wesen.
Ik hebbe jo doch an deme boke lezen:
En man schal nenes dynghes to wis syn!
795 Dat is by uns nu wol schyn.
Gevet doch rat: mit welken eren
Moghe wy kamen vor unsen heren?

Quartus miles:
Nu wi Jhesum hebben vorlaren,
Ach wol hen wes gy horen!
800 Allene isset us misse gan,
Wy willen up unse unschult stan.
Wor umme wolde wy ut deme lande wiken?
Wy willen[t] vorkamen toghentliken,
Wy willen hen vor Cayfam gan
805 Unde laten desse rede den joden vorstan.

Et abeunt ad synagogam, ubi primus miles dicit:
Gnade, here bischop!

Cayphas:
Gy helde, spreket up:
Wo is dat ju ghegan?
Hebbe gy dat graf wol vorstan?

Secundus miles:
810 Her bischop, moghe wi spreken sunder vare?

Cayfas:
Ja gy tware!
Spreket, wat ju witlik sy.

[Secundus miles:]
Here unde al gy joden, des lovet my:
An desser sulven nacht
815 Sint wi an enghestlike not ghebracht.
Er id begunde to daghen,
Worde wy to der erden slaghen
Van ener ertbevynghe grot,
De brachte uns an lyves not,
820 Wy vorloren unse synne.

---

820. sync.

Niederdeutsche Denkmäler. V.

Cayfas:
Nu wol hen van dynne!
Wane, gy groten recken,
Mochte gy nycht van denne trecken
Unde hadden uns dat ghesecht?
825 So hadde wy mer lude by dat graf ghelecht.
Konde juwer en den anderen nicht trosten?
Me scholde ju dat nest rosten!

Tertius miles:
Cayfa, nu hore my!
Weret sulven beschen dy,
830 Du letest wol dyn scheldent.
Ik mut alle bycht melden.
Cayfa, dat sy dy bericht:
Jhesus is in deme grave nycht,
He is up ghestan
835 Unde is to Galilee gan.

Annas:
Hore umme dessen affen!
Wat begynnet he to claffen?
Wo scholde en [mynsche] van dode up stan
Edder van deme grave gan?
840 Dat graf hebbe wy myt stenen wol bewart,
Dat dar nen man af en vart.
Wy hebbet unse inghezeghel dar vor henget,
He en is dar nicht ut gedrenget
Sunder mannes helpe.
845 Wane, gy rechten kelpe!
Gy hebben id ovele vorstan,
Gy moghen wol vor riddere gan!

Quartus miles:
Anna, dummer man,
Lat desse rede bestan!
850 Ik wyl dy segghen sware mere.
Dat Jhesus is eyn grot here.
Ik sach dat vor war,
Dat de enghel van deme hemmel clar
Myt eneme groten schyne quam
855 Unde de vrowen to sik nam
An dat graf unde sprak aldus:
'Jhesus Nazarenus
De is up ghestan
Unde is to Galilee gan.'
860 Juwes spottes wy nycht en roken.
Wille gi dat vorsoken,

---
830. ledest. 831. mût.

Dat graf vinde gi unvorstoret,
De enghel heft den sten af gheboret.
Dat mach anders nicht ghesyn:
865 Got heft vorwunnen des dodes pyn.

Tunc facto consilio Cayfas dicit:
Gy riddere unde gy vramen helde,
Set, nemet desse ghelde
Unde swyget desse rede,
De gy vornemen an des graves stede.
870 Vraghet ju we, wor de licham sy,
Spreket: 'gy scholen des loven my:
De junghere hebben ene ut deme grave stalen.'
So blyven desse dink vorhalen.

Primus miles: [Bl. 7^b]
Wy swiget wol al stylle,
875 Wen dat Pilatus denne weten wylle,
So mote wy em dat utlegghen
Unde van anbegynne tome ende segghen.

Annas:
Gy riddere, wy willen ju van Pilatese wol vrighen,
Latet allene mank deme volke juwe schrygen,
880 Dat volk is so grimmych unde so bolt,
Wertet en to wetende, se werden uns nummer holt.
Hir umme, leven rittere,
Dreget desse nyen mere
Stille unde hemeliken,
885 Wy willen ju maken rike.

[Secundus miles:]
Anna, du hest uns des lichte nuch ghebeden.
Wy swygen wol, er wy dat reden.
Dat sta dar umme wo dat sta,
Dat weten vele lude to Galilea.

Tunc abeunt milites ad locum suum, et Judei habent consilia.

Pylatus dicit ad servum:
890 Knepelin! Knepelin!

[Servus:]
Wat wille gy, leve here myn?

Pilatus:
Knepelin, ga an dat graf,
Brink my nye bodeschop dar af

---
876. untlegghen. 887. wor.

4*

Unde segghe den ridderen,
895 Dat se kamen to ereme heren.

Servus:
Here, dat schal wesen.
Ik wil en de breve rechte lesen.

Et currit ad sepulcrum. Quo viso dicit militibus:
Gy riddere, got grote ju alle vere!
Gy scholen kamen vul schire
900 To Pilatum, juweme heren,
De mach juwer nicht untberen.
Weset rede unde kamet drade,
So wert ju ok wat van der paschebrade.

Tertius miles:
Knopelin, dat mot wesen.
905 Ik vruchte, gy heldes, de bref wert uns dar ovele lesen.

Quartus miles:
Leven ghesellen, nu latet allen!
Wat schen schal, dat mot by node schen.

Et vadunt pariter. Quartus miles:
Gn[a]de, here konink!

Pilatus:
Gy rittere, wo stat juwe dink?
910 Wat is ju beschen?
Wat hebbe gy an desser nacht an deme grave seen?

Primus miles:
Pylate, here konink,
Uns synt begeghent selsene dink.
Dat synt nye mere,
915 Grot unde alto swere:
Jhesus, den dyne man
Huden scholden, de is up ghestan.

Pilatus:
Ja, dat woste ik wol to voren.
Werliken, gy hebben den man ovele vorloren!

Secundus miles:
920 Ja, Pilate here, dat is alzo,
Des sint wy unde alle de joden unvro.

Pilatus:
Gy riddere, wo dit to kamen si,
Des mote gy berichten my.
Secundus miles:
Pilate, van deme hoghesten trone
925 Quemen de enghele schone,
De hebben uns den man ghenamen.
Des sint wy sere underkamen.
Ik en wet twar, wo mik was gheschen,
Ik en konde noch horen noch sen.
930 Here, loves oft du wult:
Id en was nicht al unse schult.
Do wy uppe deme grave legen,
Dar wy rechte an seghen,
Do quemen de enghele myt ghewalt,
935 Myt groter clarheyt wol ghestalt,
De benemen uns witte unde synne
Unde deden uns slapes begynne.
De engele to deme grave quemen,
Jhesum se dar ut nemen,
940 Den hadden se levendich tuschen sik
Mit groter vroude, alzo ducte myk,
Se vorden ene an ene stede clar.
Des wart ik an myneme slape war.

Pilatus:
Slepe gy, wo mochte gy dat sen?
945 Dat kan nycht wol to samende sten.
Seghe gi id ok, so slepe gy nicht.
Gy hebben dat sulven under ju ghedicht.
Synt gy nu slapes sat?
Me scholde ju maken en vinger bat!
950 Dat gy quemen to deme grave,
Me scholde ju myt kenappe laven!
Gy sint riddere wol ghemeyt!
Dure is ju de manheyt!
Wat ere hebe gi nu bejaget,
955 Nu gy de rechten warheyt zaget?
Sint gy helde wol vornamen?
Dat is nu up enen ende ghekamen.
Gy sint helde to der not!
Twar, gy vordenet alle nycht en hellink brot!
960 Gy sint helde, dar me schal vlen!
Sittet nedder unde latet ju den dumen ten!

Tertius miles:
See, dyt hebbe wy dar ave.

Dat wy slepen an deme grave,
Do we de warde holden scholden!
965 Dat is uns harde wol vorgulden
Mit schempworden, de wy nu moten horen.
Dat wy dat bewarden to voren,
So were us desser wort nen not [Bl. 8ª]
Unde droften nicht lyden schemp unde spot.
970 Nu hebbe wi gut unde ere vorlaren,
Nu holtme uns jummer vor doren.
Wor me andere riddere priset,
Dar werde wy myt vingeren wiset.

Pilatus:
My dunket, dat ju Jhesus heft gheschant
975 Unde alle jodesche lant.
Wat helpet, dat gy lenger sumen?
Myt schanden mote gy mynen hof rumen!
Tunc vadunt ad Judeos.

Quartus miles:
Cayfa, Pilatus heft uns vorspraken
Unde sint harde ovele wraken.
980 Radet dar nu anders vor,
Dat wy wedder kamen in uses heren dor.
Schut des nicht vul snelle,
So wil ik unde myne ghesellc
Spreken gans unde over lut,
985 Wo Jhesus si ghekamen ut.

Cayfas:
Gy riddere, latet juwen torne!
Wy hebbet ju dat ghelavet to vorne,
Dat wy ju untvrighen willen.
Wy moten sen, wo wi Pilatese stillen.

Annas:
990 Gy riddere, hebbe gy Pilatus hulde lef,
So nemet myt ju dessen bref,
Dat he den late lesen,
So moghe [gy] wol ghenesen.
Segget em dar mede
995 Unsen denst unde steden vrede.

---

967. bewaren. 968. user.

Quartus miles:
Pilate, leve here,
Der joden bischop but di denst unde ere.
Dessen bref, den sent he di.
Lat lezen, wat dar jnne si.

Pilatus:
1000 Her scriver, dessen bref schole gi lesen.

Notarius:
Here, dat schal jummer wesen.
Pilate here lef,
Wultu horen dessen bref?

[**Pilatus:**]
Ja schriver, leset an.

[**Notarius:**]
1005 Dat do ik, alzo ik beste kan.
Hir steyt geschreven alzo:
'Pilate here, wes vro!
Der joden bischop Cayfas
Unde Annas, de ok bischop was,
1010 Unde de joden al ghemeyne
De untbedet dy, here reyne,
Eweghen denst unde steden vrede
Unde bidden di vortmer desser bede,
Dat du desse riddere vere
1015 Willest nemen schire
Wedder to dynen hulden.
Dat willen se jummer vorschulden.'

Pilatus dicit:
Gy riddere, nach der joden bede
So neme ik jü wedder an mynen vrede.
1020 Weset myne truwen man
Unde besittet vor[t]mer an
Juwe gut unde juwe lant.
My dunket doch, de joden sint gheschant.
Se moghen dat hir unde dar wynden,
1025 Ik kan nycht wars an eren reden vinden.
Hebbe ik de rede rechte vorstan,
So hebben se dorliken dan,
Dat Jhesus is van en ghestorven.
Se hebben sik ewich hertelet vorworven.
1030 Jhesus, de dar was kamen van gade,

1008. Des. 1017. *Vor* schulden *durchstrichenes* guldē.

De is uppe stan van deme dode:
Dat wolden se nu gerne bedecken.
Tware, se moten syner alle smecken!
Dat hebben se sulven vore spraken
1035 Unde wert myt rechte an en ghewraken.
Ik hadde gerne sen, dat he hadde ghenesen.
Ik sprak: 'ik wil synes blodes unschuldich wesen!'
Do repen se alle
Myt so groteme schalle:
1040 'Dar is uns umme so eyn wynt!
Syn blot ga over uns unde unse kynt!'
Dat mach en aldus wol kamen
To ereme groten unvramen.

Tunc diaboli educunt*) Luciferum cathenatum, qui sedens in dolee lamentando dicit:

Ik danke ju, myne leven knechte,
1045 Dat gy my denet al na rechte.
Wat ik ju hete, des en late gy nicht,
Des weset alle van my bericht.
Jk hebbe ok wol van ju vornamen,
Gy stat alle tid na myneme vramen.
1050 Dat schal ju ruwen nummer mere,
Wente ik bun jo juwe rechte here.
We my kan to danke denen,
Den wil ik alzo wol belenen
Unde wil em alle bede untwyden,
1055 He schal my danken to allen tyden.
Nu hebbe gy alle wol vornamen,
Dat us grot schade is to kamen.
Der helle dor is us tostot:
Dat dede Jhesus, de weldeghe got.
1060 Id is uns sere unghelucket,
He heft us alle de zelen untrucket,
Dede mer wen vif dusent [jar]
Mosten liden unse var:
Patriarchen unde propheten
1065 Unde alle de dar mynschen heten,
Se weret sundich edder nicht,
We nemen se al an unse richt.
De sint uns alto male untswunden,   [Bl. 8b]
Wente Jhesus heft se untbunden
1070 Unde brochte se an synes vader rike,
Dar wy armen al ghelike
Worden schemeliken af gheslagen.
Nu mote wy an der helle plaghen.

---

*) eduducunt.

　　　　Doch wille we wesen unvordraten
1075　Unde nummer ave laten:
　　　　Nu uns de hilgen aldus untslyken,
　　　　So wille wy na den sunderen kyken,
　　　　Wente got de wil vorsman,
　　　　De em nicht sint underdan.
1080　An den mute we uns laten noghen
　　　　Unde muten uns al dar na vogen,
　　　　Dat we se leret an sulken dynghen,
　　　　Wo we se to der helle brynghen.
　　　　Hir umme wese en jeslik truwe
1085　Unde se, dat em syn schade ruwe.
　　　　He bedore [de] wisen unde de dullen,
　　　　Dat wy de helle wedder vullen.
　　　　　　Item paasando dicit:
　　　　Gy scholen ju snelle van hennen heven
　　　　Unde na mynen baden streven.
1090　De lude schole gy alzo leren,
　　　　Dat se sik jo van gade keren,
　　　　Beyde leyen unde papen,
　　　　Heren, rittere unde knapen.
　　　　An allen landen nemet des war,
1095　Beyde hemelik unde apenbar,
　　　　Se syn de guden edder de quaden,
　　　　Gy scholen en jo dat ergeste raden,
　　　　Nummende schole gy vorsman,
　　　　Se lopen, riden edder gan,
1100　Den cropel unde ok den blynden,
　　　　Gy scholen se alto samende bynden,
　　　　Dat se nicht an deme rike leven,
　　　　Dar wy worden ut vordreven.
　　　　　　Item ad Satanam dicit:
　　　　Sathana, myn truwe knecht,
1105　Horstu wol wat ik hebbe ghesecht?
　　　　Nu du de klukeste mank en bist,
　　　　So gif en al dyne list,
　　　　Dat se to male dar na ryngen,
　　　　Dat se jo wat tor kokene bringhen.
　　　　　　Sathanas respondet:
1110　Lucifer, leve here,
　　　　De wech schal uns nicht wesen to vere.
　　　　We dar myt ienegen sunden si,
　　　　Den wille wy alle bringhen di.
　　　　Doch mostu uns rat gheven,
1115　Er we uns van hynne heven:
　　　　Wy bringhen wene wi bringhen dy,
　　　　Wer id di alto danke sy?

1080. In dē mūte. latē ane noghē.

Lucifer:
Wane, wane, Satan!
So mute di de bodel slan!
1120 Kanme nicht beduden dy?
Lovestu, wer ik wendesch si?
Bringet den armen unde den riken
Unde latet nummende van ju wiken:
Den wokener unde ok den rover,
1125 Den velschener unde den molkentover,
Den gokeler unde den kukenbecker,
Den loghener unde den hundetrecker,
Den bruwer unde den multer
Unde ok den kumulensulter,
1130 Den oltbuter unde den puler,
Den sleper unde ok den vuler,
Den gerwer unde den braker
Unde ok den rademaker,
Den offerman, den koster,
1135 Dar to den kropelroster,
Den leser unde ok den schryver,
Den pluchholder, den waghendryver
Unde de dar spelen myt den docken
Unde den doren ere ghelt af locken,
1140 Den ridder unde den haveman,
Den en lat dy jo nycht entgan,
Den schroder ok al myt deme smede,
De slutet al an ene kede,
De wikkere unde de bosen wive.
1145 Set to, dat nummcnt na en blyve.
Wat helpet vele tuketaken?
Gy scholen ju snelle van hynne maken.

Et sic omnes recedunt a Lucifero. Satanas dicit ad alios:
Gy heren, weset alle wis,
So moghe gy huten vorwerven pris
1150 Jeghen Lucifer unsem prelaten.
Hir umme make we uns up de straten
Unde werven unses heren beste.
Hen! en herensen sy de leste!

Lucifer vocans s[ervos] suos clamat alta voce:
Osten, suden, norden, westen,
1155 Wol her, wol her ut allen vesten!
Woldan, woldan, woldan,
Lepel unde Satan,

1119. mûte. 1129. kŭmelēsult'. 1138. docke. 1153. Heñ en herēsē sȳ.

Al de myne knechte syn,
De horen na deme lude myn,
1160 De kamen alle snelle lopen!
Ik mochte myn kranke hovet vorropen!
Hoe diaboli non audientes, iterum clamat:
Woldan, woldan, woldan,
Myn leve knecht Satan,
Make dy snelle her to my, [Bl. 9ᵃ]
1165 Dat schal huten vramen dy.

Satanas respondet:
Wat hestu vornamen, leve here,
Dat du rupest alzo sere?
Nu bun ik kamen her to dy.
Segghe hen, wat wultu my?

Lucifer dicit:
1170 Wane, leve Satanas!
Wat ik dy ne bewanen was,
Dat dyn antwarde were alzo uusute!
Wente bedrovet is myn ghemute
Dar umme, dat du nycht snelle quemest,
1175 Do du mynen lut vornemest.
Wente ik vruchtede alzo sere,
Dat dy wat quades to kamen were.

Satanas respondet:
Lucifer here, sunder vare
Love my des al apenbare:
1180 Do ik dynen rop vornam,
Dar umme ik do nicht en quam:
Ik was up enen wech ghekamen,
Dar was ik al up unsen vramen:
Dar is krank en older man,
1185 De heft syne daghe dar na stan,
Dat he to wokernde plach.
Nu is ghekamen syns dodes dach,
Dat he nycht lengher mach leven:
Dar wolde ik hebben so langhe bleven
1190 Went he hadde storven,
So hadde ik syne zele vorworven.
Men do dyn stemme noch ens rep,
Wo sere ik do van danne lep
Unde vruchtede den torne dyn!
1195 Des love, here, den reden myn.

1171. de ne.

Lucifer respondet:
Dank hebbe, myn leve knecht!
Du deyst jo dyme dynghe recht,
Went du na myme willen steyst
Unde na unser allen vramen gheist,
1200 Des dyne kumpane nicht en dut:
Dar ane twyvelt sere myn mut.
Ik wet nycht, wat ik segghen schal,
Nu dyne kumpane alto mal
Na blyven unde kamet nicht.
1205 Segghe my, westu des nicht,
Wor se henne moghen blyven
Ofte wat se moghen bedryven,
Dat se nycht en quamen,
Do ik se rep al by namen?

Satanas respondet:
1210 Lucifer, dat wil ik dy saghen,
Du droft dar umme nycht sere vragen.
Ik segghe di, leve here:
Dyne knechte sint nicht vere
Ghesammelt al an eyner schare
1215 Unde hebbet vor dynen torne vare,
Went se hebben wesen langhe
Unde noch myt leve noch myt pranghe
Nummende konen dar to brynghen,
Dede wil na erer pipen springhen
1220 Unde en wesen underdan.
Dat kumpt dar alto male van,
Dat de lude al ghemeyne,
Beyde grot unde kleyne
Alle sik nu hebben berichtet
1225 Unde myt gade sik vorplichtet
Unde vorsmat unse lere.
Dat segghe ik dy, Lucifer, leve here,
Dar umme doret se nicht vor dy gan.

Lucifer:
Wane, leve knecht Satan!
1230 Se dorvet dar umme nycht vlen,
De torne is alrede vorghen.
Hir umme lop to en snelle
Unde segghe en albedelle,
Dat se io ere bewaren
1235 Unde alto male here varen,
Wen se horen mynen stemmen clynghen.

1233. segghen en.

Wente ik wyl al dar na rynghen,
Dat ik en sncydecheit wil leren,
Dat se mi de wedder vorkeren
1240 De unsen willen hadden dan
Unde unser lere sint ave stan.

Satanas:
Ja ik, leve Lucifare!
Moghen se kamen ane vare,
So wil ik lopen drade,
1245 Erer schal nen kamen to spade:
Alzo vro dyn stemme wert ghehort,
So scholen se kamen alzo vort.

Lucifer iterum clamat et ipsis venientibus dicit:
Weset wilkame, mynen leven knechte!
Nu do gy na juwme olden rechte,
1250 Dat gy kamet alto hant,
Wen ju myn ropent wert bekant.
Des dede gy to deme ersten nicht.
Hir umme wil ik wesen bericht,
Wo dat was, dat gy nicht en quemen,
1255 Do gy mynen lut vornemen.

Astrot dicit:
Here, dat quam dar van to:
We lepen spade unde vro
Wol hundert werve de werlt al umme,
Beyde an de richte unde an de krumme,
1260 Dar wy de lude wusten,
De wy mit unser arghen listen
Hadden to uns gar ghekeret
Unde en unse werke leret:
De hebbe wy degher unde al vorlaren,
1265 Wente se hebben uns vorkaren.
Aldus so were wy ute ane wyn.
Dar umme queme we nicht yn,
Do dyn stemme aver uns clank.
En dach wart uns ens jares lank,
1270 Wente we dat wol bedachten:
Wen wy dy nene selen en brachten,
Dat sik dyn torne wolde meren [Bl. 9ᵇ]
Unde wi di nicht wilkame weren.

Lucifer:
Ja twar, gy hebben wol ute wesen!
1275 Dat is gut, dat gy sint ghenesen

1237. ik wy al. 1239. se mede wedder.

Unde sint wedder kamen myt leve.
Me scholde ju henghen alzo deve!
Gy hebbet to myner scholen gan
Unde myne lere wol vorstan,
1280 Ik mende, gy weren dusent-kunste-heren.
Nu mach ik ju noch wol anders leren,
Alze me deyt den junghen kynderen,
De dar sint stump alzo rindere.
Doch wil ik ju dit vorgheven,
1285 Wille gy my bet to danke leven
Unde sen, dat gy al dar na stan,
Dat ju de zelen nicht entgan.

Omnes diaboli clamant:
Ja wy, Lucifer, leve here!
Dat wil wi dun alle tid mere.

Lucifer:
1290 Nu so wese dit vorgheten!
Doch schole gy up dat nyghe weten.
Ik wil ju segghen noch eyn cleyne,
Dat merket alle, wat ik meyne:
Nu id ju ovele is ghegan,
1295 Nu schole gy doch nicht ave lan,
Gi scholen alle na myneme rade
Ju to Lubeke maken drade.
Dar wilt de lude sere sterven,
So moghe gy vele zelen vorwerven,
1300 Beyde hoker unde weger,
Knakenhower unde dreger,
De krugerschen myt ereme tappen
Unde ok den monnik mit syner cappen,
De holdet alle bi deme sterte
1305 Unde gripet malk en gut herte.
Bringet se my myt schalle.
Wan ik rope, kamet alle.

Astrot:
Ja, here, dat schal jummer syn,
Scholde we dar umme liden pyn.
1310 Woldet uns ghichtes ghicht ghelingen,
Wi wolden jo wat to der kokene brynghen.
Des weset alle nu bereyde,
De ene des anderen nicht en beyde!

Lucifer clamat ut prius. Puk dicit:
Lucifer here, ik hete Puk,
1315 Ik te mynen ers dorch menneghen struk.

Dar umme lat dy nicht vorlanghen:
Wi hebben vele selen vanghen,
De wille wi alle bringhen dy.
Se to, dat de helle dicht sy!

Lucifer:
1320 De rede hebbe ik gherne hort.
Ga hen unde help se en dryven vort!
Weset hart unde wis,
So moghe gy van my werven pris.
Is dar jenich sele vorleghen,
1325 De mote gy up deme nacken dreghen.
Et sic portant animas ad Luciferum.

Puk dicit:
Vrowe dy, Lucifer, leve here!
Wi hebben begun pris unde ere:
Se, wo se hir vor dy stat,
De ghedan hebbet unsen rat!

Astrot dicit:
1330 Se, here, dessen schonen rey!
Du mochst uns gheven en braden eyg
Unde dar to wat van deme schinken,
Dat wy jo nicht nuchterne en drynken.

Lepel dicit:
Lucifer, wy hebben wol ute wesen,
1335 Desse selen hebbe wy to hope lezen
Beyde hir unde dar.
Se se an, leve Lucifar!

Lucifer:
Ja, knechte, nu hebbe gy wol ghedan.
Gy scholt an myme lave stan,
1340 Dat gy juwe kunst unde juwe lere
Hebbet bewyset so rechte sere.
Des hebbet alle jummer dank!
De tyt wert myk alto lank.
Latet de ene na der anderen gan
1345 Unde segget, wat se hebben dan,
Wor mede se des hebben vorwracht,
Dat gy se hebbet here bracht,
So mach ik ju mede segghen,
Wat pyne gi en scholt an legghen.

1339. myne.

Neytor:
1350 Here, ik kame mit myme rove,
Den ik warf to unseme behove.
Hir is de sele, de ik grep.

[Lucifer:]
Hebbe dat ey, dar de henne myt deme pelse af lep!

Ad pistorem:
Di stuft de clighe ut der nese,
1355 Ik love, du motest en becker wesen.
Wat hestu werves hir vor my,
Dat se hebben grepen dy?
Wane, wane, by mynen waren!
Kondestu nicht to hemmel varen?

Pistor dicit:
1360 Gnade, here Lucifer!
Ik was en becker wente her,
Dar umme is myn jamer grot,
Wente ik bok jo hol dat brot,
Mit gheste menghede ik den dech,
1365 Dar van dat brot so hoch up stech.
Was de dech ok ghycht to grot,
So brac ik dar af enen clot
Unde warp ene wedder in den troch.
Des mut ik nu rupen 'o wi! o woch!'
1370 Myt der clyen konde ik kuken:
Des hebben my de lude vorvloken.
Ik let dat brot nicht gar werden: [Bl. 10ᵃ]
Alzo konde ik de lude serden.
Moste ik nu leven alzo ik er,
1375 Eyn becker worde ik nummer mer.

Lucifer:
Woldan, myne knechte, snelle!
Werpet den becker an de helle
Unde settet en an den gloendeghen aven:
Dar sit he warmer wen an deme staven.
1380 He bok dat brot myt lutken knusten:
Dar umme slat ene myt den vusten.
Des heft he vordenet wol:
He bok dat brot dech unde hol.

Tutevillus:
Here, des wes van my bericht:
1385 Ik en was vorgheves ute nicht.

1366. de de dech. 1369. mût. rûpē. 1370. kûken. 1384. berich.

Tutevillus bun ik ghenant.
Den schomaker bringe ik an myner hant.
Dar mede bun ik dy underdan.
Lucifer:
Des hebbe stank, myn leve kumpan!
Ad sutorem:
1390 Wilkame, leve selle myn!
Wo steit id umme de sake dyn?
Schal ik loven den synnen myn,
So mochstu en schomaker syn.
Wolde dy Jhesus nicht to hemmele nemen?
1395 Des mochstu di jo nu wol schemen.
Sutor:
Ach gnedighe here unde vorste!
Woste ik, oft ik seggen dorste:
Ik verkofte myne scho so dure
Unde brande de salen by deme vure.
1400 Wen ik dat ledder scholde weychen,
So nam ik solt unde seychen,
Gest unde bermen dede ik dar to,
Dar mede smerde ik myne scho.
Dat duchte myk allent wol ghedan.
1405 Ik vorkofte schepen vor kordewan.
Van vlassen makede ik den drad,
Dar van drade up ret de nat.
Ungar was dat ledder myn.
Dar umme mot ik nu liden pyn.
1410 Ach were ik mynsche, alzo ik vore,
Wat ik to deme schowerke nicht en kore!
Lucifer:
Ja, ja, du sechst al recht!
Tuteville, ga her, myn knecht,
Werp ene an de lobodden,
1415 De gy lest vul pekes soden,
Dar he dat ledder treden mach
Beyde nacht unde dach.
De scho vorkofte he den luden,
De salen weren van schapeshuden.
Astaroth dicit:
1420 Leve here, ik bun de drudde.
Su, hir brynghe ik dat horrenkudde!
Here, du hest myk alto drade ropen:
Er sint myk noch wol ver untlopen.

1396. gnedighe'. 1406. Vor vlassen *ein durchstrichenes Wort*. 1414. loboddem. 1415. vůl.

Nu brynghe ik dessen allenen, here.
1425 He let sik gripen sunder were.
Hadde gy noch ene wile beydet,
Ik hadde er twyntich her gheleydet.

Lucifer:
Werliken, du bust ein vramer man,
Du schol[t] groten stank han!

Ad sartorem:
1430 Hebbe ik de breve rechte lesen,
Ik love du hest en schroder wesen,
Du hest ghesneden mennych want,
Na der scheren steit dy de hant.

Sartor:
Werliken, here, du sechst war.
1435 Ik bekenne des al apenbar:
Ik konde wol van vif elen
To allen tiden de halven stelen,
Dar make ik af twe voremowen.
Des wil my nu de duvel clowen.
1440 De varwe were, wat se were,
Ik sprak, id were krumpen sere.
Snet ik weme hoyken unde rocke,
So stal ik hantzken unde socke.
Myt der heten natelen neghede ik dat want,
1445 Dat de nat jo drade up rant.
Dat were paschen edder wynachten,
Der vire en wolde ik jo nicht achten.
Nu nete ik myner korten elen,
Dat ik mot an der helle quelen.

Lucifer:
1450 Wol here, de nu si myn knecht!
Desseme schrodere dot syn recht
Unde werpet ene an der helle grunt,
Dar schal he ligghen so en hunt
Unde an der ewighen hette braghen.
1455 He heft so menneghen man bedraghen!

Puk:
Ik bun de verde unde hete Puk.
Su, here, ik hebbe enen groten buk!
Myn ammet dor ik di wol segghen:
Ik pleghe my an den kelre legghen:
1460 Wen de kroghersche sik vorghet
Unde den beker nicht vul en met,

1444. negedi ik. 1461. vůl.

So pleghe ik er de hant to roren
Unde de mate bi siden sturen,
Wente wolde se vulle mate vorkopen,
1465 So mochte uns ere sele untlopen.
Doch dunket my, dat id beter sy,
Here, dat ik se bringhe dy
Unde bevele ze an dyne wolt.

Lucifer:
So hebbe, dat der su entvolt!
Ad tabernatorem:
1470 Ik segghe dat by myner list:
Ik love, dat du en krogher bist.
My dunkt an dyneme antlate,
Du ghevest des bers quade mate.

Tabernator:
Wor umme wolde iket bedecken?
1475 My dunkt, ik kan dy doch nicht ghecken.
Vele bers konde ik maken,
Dat quam to van dessen saken:
Waters nam ik gar ghenuch,
Des bers cleyne was myn ghevoch.
1480 Ok wen ik vorkofte ber edder wyn,
So was dat jo de sede myn:
An de mate sloch ik den dumen
Unde brachte dat ber myt velen schumen.
Wen ik wene ber mat,
1485 Ik wene, dat ik des ne vorgat:
De kavent moste mede an stighen, [Bl. 10ᵇ]
So mochte ik vele pennynghe krighen.

Lucifer clamat:
Wane, wane, du rechte dwas!
Du stinkst noch vuler wen en as!
1490 Wane, so motestu werden schant!
Du en hest dyner sunde nicht half bekant!
Du sechest allenen van deme schumen:
Du haddest ok ens deves dumen
Bavene henget an de tunne.
1495 Dar mede hestu de helle wunnen.

Item Lucifer:
Mynen leven knechte, weset rede
Unde ghevet deme kroghere has mede:
Settet ene bi de heten kupen
Unde ghevet em drynken myt der schupen.
1500 Henghet ene up bi beyden dumen,

1478. ghenūch. 1479. Des waters cleyne.

De he jo sluch an den schumen.
Dat he des bers so luttek gaf,
Mynen leven knechte, dat nemet em af.

Belsebuc:
Lucifer here, ik kame nu.
1505 Tpru! vort! tpru!
Hadde ik nicht dynen stemmen hort,
Ik hadde er noch wol mer bedort.
Nu hebbe ik men desse ene ghevan.

Lucifer:
Eya, du bust myn deve kumpan!

Item:
1510 Wane, so motestu nummer neten!
My dunkt, du konst de spolen scheten.
Hebbe ik de breve rechte lesen,
So hestu jo en wever wesen.

Textor:
Leve here, dat is war:
1515 Ik was en wever mennich jar.
Ik levede sere an untruwe,
Wente ik nam jo dat verde cluen.
Was dat weffel ghycht to lank,
So nam ik dar af den bygank.
1520 Dat konde ik alto rynghe weghen,
Leyen scheren, papen andreghen.
Des mut ik nu myt mynen ghesellen
An der ewighen helle quellen.

Lucifer:
Werliken, du sechst gude wort,
1525 De hebbe ik alto gerne hort.
Wen gy so juwen buren straken,
So moghe wy de helle wol wider maken
Unde buwen dar noch to eyn vak,
So hebbe gy rum unde juwe ghemak.
1530 Hir umme tastet to like to,
Dat sik juwer en nicht we en do
Unde werpet den wever myt deme stelle
Neddene an de depen helle.

Krumnase:
Here, du makest groten prank!
1535 De tyd de wert dik alzo lank.

1522. myt *aus* myn *corrigiert.* 1524. seschst.

Mochte ik hebben lengher bleven,
Ik hadde de helle allene vul ghedreven.
Nu bringhe ik nicht wen ene dy.

Lucifer:*)
Leve knecht, so nughet my!

Item:
1540 Tware, my dreghet al myn wan,
Du hest mit knakwerke umme gan.
Ik kant by dyneme munde wol weten,
Du hest vele colunen gheten.

Carnifex:
Truwen, here, dat hestu recht untraden!
1545 Ik konde wol komulen braden.
Wen ik de worste maken scholde,
Dar dede ik in allent wat ik wolde,
Kolunen, lunghen unde met.
Ik dede ok dar to nen vet:
1550 Wenme se scholde braden jo,
So druppeden se alze en olt scho.
Wolde ik se over sulven eten,
So en wart dat vette nicht vorgheten.
Hadde ik wat veyle van ener su,
1555 So rep ik jo den luden to:
'Kum her, kop van eneme junghen swine!'
Dar umme mut ik nu liden pyne!

Lucifer:
Myne knechte, nu wol here!
Nemet dessen droghenere
1560 Unde dessen sultevot,
Wente he en wart nu werle gut.
Myt heter kolunen schole gy ene beslan,
Wente he plach myt worsten umme to gan.
Steket ene an den swynes maghen:
1565 Dar ynne mach he voste plaghen.

Belyal:
Here, ik hete Belyal!
Der selen hestu noch nycht al,
Gheluckes bun ik ok bewanen:
Hir bringhe ik di enen rechten dranen,
1570 De heft ghedan na unsen werken,
Dar umme schal he unsen hupen sterken.

---
*) Lufifer.
1560. vöt.

Lucifer:
Du konst gude rede segghen,
Me schal dync munt mit swyne parlen belegghen!
[Ad penesticum:]
Segghe, my dunket an dyner sprake,
1575 Ok stynkstu na der herink lake
Gycht du hebbest en hoker wesen
Unde hebbest den herink ute lesen.

Penesticus:
Mochte id an dynen hulden syn,
Ik wolde bekennen der sunde myn:
1580 Wen ik hadde heringhes ene gude tunnen,
So hadde ik alto drade besunnen,
Dat ik dar vulen menghede to.
Dat dede ik spade unde vro.
Hadde ik buckynk edder al,
1585 Den luden ik ere ghelt af hal.
Dat sulve was ok myn dichte,
Dat ik se gheckede myt der wichte.
Dat ik de lude alzo bedroch
Unde menneghemer so sere vore loch,
1590 Des mut ik an der helle grunt
Unde mot dar ligghen alzo en hunt.

Lucifer:
Knechte, gy scholen dat nicht vorvulen:
Nemet desse rechte ulen,
Des vures ghevet em syne mate
1595 Unde set to, wo he denne late!
He is des alle wol ghewert!
Settet em den ers uppe den heten hert!

Lycketuppe:
Ach, Lucifer here, de dy bemeghe!
Du lichst di sulven in den weghe.
1600 Scholde ik aldus de tid vordryven,
So mochte ik lever to hus blyven.
Du ropst us vele to den oren,
Du makest us wol to male to doren.
Ik bun so mer van ruwen storven: [Bl. 11ᵃ]
1605 Ik hebbe nicht wen enen vorworven.

Lucifer:
De wasche gheyt dik alzo en kaf.
Bi mynen waren, ik nemet dik af!
Du bust myner alto velich gheworden.
Ik bringhe di noch an enen anderen orden
1610 Unde segghe di dat bi myner ere:
Der rede vorgheve ik di nicht mere!

1585. hål.

Item ad raptorem:
Wane, dat dy lede sche!
Van torne deyt my myn hovet we:
Dat hebbe ik al umme dynen willen.
1615 Mochte ik so vele, ik wolde di villen!
Sint my de breve rechte kamen,
Du hest mennegheme dat syn ghenamen.

Raptor:
Here, wat du id wol entradest!
Ik ruke doch wol, wat du bradest:
1620 Du wult my to der helle teen!
Alle myne schande wil ik dy ghen:
Ik was en rover an mynen daghen,
Na gade plach ik nicht to vraghen,
Ik brande schunen unde huse,
1625 Beyde kerken unde cluse,
Ik nam den kellek van deme altare.
Des hebbe ik nu so grote vare,
Dat ik bun ewichlik vorloren!
Hadde ik gheweten dat to voren,
1630 Ik hadde malk dat syn ghelaten
Unde brot ghebeden up der straten.

Lucifer:
Ja ja, du bust al hir!
Achter na dat is dunneber.
Desse rede sind my [nicht[nuwe!
1635 Achter na is wyve ruwe.
De sik vor bedenket, de is kluk,
So schit he na nicht in de bruk.
Hore, here, ik wil di wol berichten:
Du scholt nene nyghe reye dichten,
1640 Ik wil di bi de banre voren,
Ik love, me schal di dar wol sturen.
Se, wat kan id nu helpen dy?
Du dedest mennegheme armen mynschen we,
Du nemest syn gut unde sloghest ene dot:
1645 Dar umme schaltu nu liden not.
Knechte, weset alle vrame,
Dat ju de rover nicht untkame!
Ik wolde sulven bi ju wesen,
Doch [gy] sint gude starke resen.
1650 Holdet ene vaste, so hebbe ik ju lef.
Holt den rechten kodef!
Holt ene bet by syneme toppe!
Se to, dat he dy nicht untlope!

1615. Du mochtest so. 1636. klůk. 1637. brůk. 1651. kŏ def.

Funkeldune:
Here, ik hete Funkeldune.
1655 Ik hebbe gheleghen by deme tune
Unde hebbe horket hir unde dar,
Doch en wart ik nener selen enwar,
Noch der leyen edder papen.
Do begunde ik van torne to slapen.
1660 Ik hadde so mer to langhe seten,
De wulve mochten myk hebben ghebeten.
Here, dit hebbe nicht to spele:
Sulker knechte vyndestu nicht vele!
Haddestu nycht so lude rupen,
1665 So hadde my jo wat to lopen.
Dar umme mochstu my wol loven.
Ik jape alzo eyn bakaven.

Lucifer:
Wane, dat di lede sche!
Dat dy de bodel an ene galghen tee!
1670 Ik segghe dy by mynen waren:
Du scholt eneme olden wyve in den ers varen,
Dar scholtu liden groten stank,
So wert di de tid [nicht] lank.
Du en dochst doch anders nergen to,
1675 Du gheist bescheten so en mersko.
Du bust trach unde vul,
Ik en sach ne werle enen ergeren gul,
Noch mank lamen unde blynden
Konde ik ne alsulek enen dronen vynden.
1680 Wane, du rechte flabbemunt!
Fy, du stynkst so eyn hunt!
Du wult my leven doch nicht na willen,
Ga hen unde lere paghen villen,
So mochstu slapen al den dach.
1685 Ik mot doch dat maken wo ik mach.
Myn orlof scholtu hebben ghenamen,
Ik love, ik wil wol to knechte kamen.
Vor war, ik wil dy nicht lengher doghen,
Make dik rat ute mynen oghen!
1690 Kumpstu jummer dar ik bun,
Dy en schal nummer gut schen.

Postea Lucifer circumspiciens se undique non videns Satanam dicit:
To jodute! to jodute!
Satana is jo to langhe ute!
Ach, we dar na wolde lesen,
1695 Wer he gicht krank mochte wesen,

1664. rûpē. 1667. lape. 1675. m'fkð.

Oft he an der suke leghe, —
Woste ik, we em dat glas beseghe!
Hadde he genneghen vramen namen,
So were he myt den ersten komen.
1700 Ik moghe my sere, doch dunket my,
Dat he na vramen ute sy.
An kunsten was he jo de beste:
O wig, nu is he de leste!
He wolde der selen to vele here iaghen,
1705 Ik vruchte, he is up deme weghe dot gheslaghen.
Doch wil ik nicht ave laten:
Wor he is in allen straten,
Wen he mynen stempnen hort,
Ik hape jo, he breke sik vort.
1710 Satan! Satan! truwe blut!
O wig, ik vruchte, he sy dot.

Tunc Satanas veniens portans clericum dicit ad eum modica voce:

Wol up, wol up, her domine!
Ik vruchten, myn here schelde my.
Maket wat korter juwe achte!
1715 Wat helpet, dat ik hir langhe wachte?
Juwe lesent weghe ik vor spone.
Gy moten nu volghen na myneme done.
Gy twistelt vuste myt deme munde, [Bl. 11ᵇ]
Doch was id, alzo ik merken konde:
1720 Dat herte was dar nerghen by.
Wol up, her plettener, volget my!

Sacerdos:

Nu seghene my de hilge Crist!
Ik beswere dy: segghe my, we du bist.
Du mochst my myt ghemake laten wesen
1725 Unde lat my myne tide lesen.
Ik bun beworen myt hilghen reden,
Got de en wil di des nicht steden,
Dat du na dyner valschen lust
My ghichtes ghicht arghes dust.

Satanas:

1730 Wane, wat helpet de velen re[de]?
By mynen waren, du most mede!
Du wult dik alto hillich maken.
Ik wet noch wol van anderen saken:
Ik wet nicht vele, wat du lest,
1735 Dyne tide du doch vul vaken vorghest.
Du wult al an den vullen leven

1720. n' hē bȳ. *Zwischen* n' *und* hē *eine schadhafte Stelle im Papier.*
1729. ghichtest ghicht. 1735. vůl.

Unde wult dy nicht ut den kroghen heven,
Alzo water drynkstu dat ber, —
Ga vort, du rechte olpender!

Sacerdos:
1740 Ik love — summe den guden got! —
Du dryvest men myt my dyn spot!
Werlik, du mochst dy wol vor my waren!
Ik mot hir anders mede varen.
Holt, gummen, holt, holt!
1745 Hadde ik wygwater unde wyet solt,
Ik wolde dy den ghest vorveren,
Du scholdest dy wol van my keren.

Satanas:
Fu fu, her hure, fu!
Wane, wane, wat nomestu nu?
1750 Du mochst so vele rede beghynnen,
Werlik, du mochtest my gans vorwynnen!
Ik en late dy nicht lengher quaken:
Du scholt dy van hynne maken!

Lucifer:
Ach, myn herte sprinkt my van spele:
1755 My dunkt, ik hore Satanas kele!
He synghet jo, des dunket my,
Ik hope, dat he noch levendich sy.
Mochte he myt deme lyve kamen,
Ik en vraghede nicht sere na deme vramen.
1760 Dat mochte entvarmen harden stenen!
Kumpt he, so mot ik van leve wenen.

Satanas:
Wachte, leve here, wachte!
Ik brynghe enen van der ghestelken achte.
Ik bringhe dy hir enen papen,
1765 De heft so menneghe mette vorslapen.
Wan id missetid mochte wesen,
So scholde he syne tyde noch lesen.
So makede he langhe maltid:
Dar mede wart he ok der vesper quid.
1770 He drinkt ok wol na syneme ghevughe,
To nachtsanktyd is he in deme kroghe.
De beker sy recht edder krum,
He sprekt jo: 'dy wert totum!'
So sprekt de ander: 'got bewars!
1775 Ik drynke lever myddel pars.'
Hir umme is dat de wille myn,
Dat wy nicht sunder papen syn.

1748. hüre.

Lucifer:
Ach, wo mochte em dat schen?
Laten sik de papen nu tor helle teen?
1780 Ik love, du scholt us nicht entlopen,
Haddestu noch so vele wigwaters ghesapen.
Gy papen konen vele leren:
My dunket, dat gy de lude vorkerct.
Is dat alzo ik hebbe vornamen,
1785 Gy predeket nycht up usen vramen:
De lude dantset na juwer pipen,
Des en kone we leyder nummende gripen.
Hort, her pape, hort,
Ik wil ju segghen korte wort:
1790 Stat eyn cleyne bet by siden!
Ik en mach der papen so na nicht liden.

Sacerdos:
Hore, wat is dat ghesecht?
Steystu doch hir unde ok dyn knecht.
Myt my en is hir nument mere.
1795 Noch en gruwet myk nicht alto sere.
Wultu my an de helle han,
So mot ik dy noch negher gan.

Lucifer:
Ach, Satana, so werdestu henget!
De pape heft my de har vorsenghet!
1800 Dat deyt he men myt slichten worden:
Queme he denne an unseu orden,
So drofte wi nicht langhe sumen,
Wy mosten em de helle rumen.
Ik en wet nicht, wor wy blyven scholden
1805 Unde in wat ers wy denne varen wolden.
Hir umme secht me aver al:
Dat leste schap schit jo in den stal.
Ik mende, du werst van kluken synnen:
Nu lestu dik enen papen vorwynnen!

Sacerdos:
1810 Lovestu, leve Lucifere,
Oft ik alzo dul were,
Dat ik my nicht konde waren,
Ik en moste to der helle varen?
So hadde ik ovele to der schole gan,
1815 Wan my de duvele scholden van!
De helle is nicht myn ghevoch,
Wente dar is doch leyen noch,

1806. umme set nu aver.

Dat ik myn lif noch moghe sparen,
Dede vor my wol to der hellen varen.

Lucifer ad Satanam:
1820 Satanas, lat den papen gan!
Ik en kan van hette nicht lengher stan!
Scholde he nycht hillich wesen?
He drecht dat wigwater an der nesen
Unde den wirok an deme nacken.
1825 Brink wech den rechten schefhacken!
He heft so vele saltere lesen,
Wy wilt myt em unbewaren wesen,
Wy en konen an em doch nicht baten.
Wultu'n noch nicht gan laten?
1830 Lestu'n nicht gan, ik segge di mede:
Ik geve dik orlof, alzo ik Vunkeldunen dede.
Du mochst my alzo langhe to vordrete denen, [Bl. 12ᵃ]
Ik wil dynen denst enen anderen vorlenen.
Dessen papen brynkstu mede:
1835 De ghift my syne spen rede.
Kondestu so langhe klaken,
Dat us de helle worde noch ens tobraken,
Wi wolden us alle dar na vliten
Unde wolden dy den pels toriten!
1840 Ik wolde dy de huve begheten,
Du scholdest nicht mer don ungheheten!

Satanas:
Se, gummen, dar is dyn solter!
Wane, du rechte renne-umme-id-olter!
Ga! so motestu nummer leven!
1845 Ik hebbe grot arbeyt umme dy dreven
Unde hebbe myns heren hulde vorlaren.
Ga! so mote dy de bodel bewaren!

Sacerdos:
Ja, ja, vist unde vlok,
De bynt to hope an enen dok:
1850 Wen du ene wedder up byndest,
So se wat du dar ynne vindest!
Wane, dat du's dy nicht unt[s]ust,
Dat du so vele papen to der helle tust!
Wo mochstu so bose wesen?
1855 De papen en kont nicht vor dik nesen.
Ik segget di in warer bicht:
De papen gan myt willen tor hellen nicht.
Woldestu se dar ane eren dank trecken,
Du mochtest de arme wol anders recken.

1829. Wultes. 1830. Lestus. 1848. bist. 1849. Den.

1860 Hore, ik gheve dik mynen vlok:
Du scholt varen in dat wilde brok,
Dar du nummende schaden mochst.
Dar se denne, wat du dochst!
Wultu nycht myt ghemake wesen,
1865 Ik wil dy den creden noch wol anders lesen!

Satanas:
Ach, my bevet alle myne knaken!
Ik wolde, dat ik hadde en ben tobraken
Oft dat ik hadde de wile slapen,
Do ik slek na dessem papen.
1870 Ik hebbe syner wol er ghesmecket,
Doch heft he my noch ens gheghecket.
Ik hadde lest ghenamen vramen
Unde was eneme olden wive in den buk ghekamen:
Twar! dar hadde ik id alto gut.
1875 Do dref he ok myt my synen homud
Unde begunde my aver den hals to rupen —
Ik hadde wol an en muschol ghekrapen.
Do let he my doch an deme lande.
Nu secht he jo to grote schande:
1880 Ik schal an dat wilde brok varen.
Wat? schal ik do de voghelkeneste waren?

Lucifer:
Hore, Satanas, hore, hore!
Ik love, ik si nicht al en dore.
Haddestu den papen by tiden laten gan,
1885 So droftestu nicht so schemeliken stan.
Du en horst my nicht, ik bun dyn here,
So hore nu des bodels mere:
De pape jaghe dy wor he wille,
Werliken, des wil ik swighen al stille;
1890 Kan he dy an enen rodden jaghen,
Ik en wil dar nummer ens na vraghen.
Du en woldest dy nicht by tiden waren:
Nu mostu an den wilden wolt varen,
Dar mostu alzo en swyn wulen,
1895 Du mochst dar dyne maslen wol kolen.
Du wult dyne vrighen rede spreken:
Me schal doch horen, wen de olden hunde bleken.
Nu mostu rumen desse lant.
Du hest use gantzen selschop gheschant!

Item Lucifer:
1900 Her pape, hebbet myt em juwen willen!
Spreke ik dar wedder, me schal my villen!
Ik en wil ene nu nicht lenger vorheghen.
Set, wo steit de kerle bemeghen!

```
        Nu mot ik sen, wo ik id bestelle,
1905    Dat ik enen anderen vaghet kryghe an der helle.
        Desse arme stumper is bedraghen,
        He mot varen an den molenpaghen!
              Sacerdos:
        Lucifer, lat di sulven noghen,
        Ik wil dik anders ok wat to voghen:
1910    Kumpt Jhesus noch ens vor dyne doren,
        He schal de gantzen helle vorstoren.
        Enes dinghes bun ik wis,
        Dat got jo weldegher wen de duvel is.
              [Lucifer:]
        Gy papen hebben gemmelke sede!
1915    Gy seggen us jo to scharpe rede!
        Jhesus is wiser, alzo ik hape,
        Wente dat he al den dach vor de helle lope.
        By mynen waren, id en helpet ju nicht,
        Unde weren juwe rede noch ens so slicht:
1920    Gy sint noch papen edder leyen,
        Gy scholt myt us to der helle reyen,
        Wen gy de sunde hebben ghedan.
        Ik wil sen, wer gy uns mer untgan!
        Jhesus heft us wat selen ghenamen,
1925    Doch so sint se nicht to male untkamen:
        Des en is noch nicht alto lank,
        Ik krech wol twyntich ane der papen dank.
        Myne knechte scholt en voreleghen:
        Ik hape, we wilt er noch bedreghen.
              Item Lucifer lamentando:
1930    Dor mynen homut bun ik vorlaren.
        O wig, dat ik je wart ghebaren!
        O we, wapen my vil armen!
        We schal sik aver my vorbarmen?
        Dat ik hebbe ovele dan —
1935    Mochte ik ruwe unde bute an gan,
        De wolde ik gherne liden
        Nu unde to allen tyden!
        Hir scholde en hoch bom stan,
        De scholde wesen alzo ghetan:
1940    Van afgrunde up gheleydet
        Unde myt scharpen schermessen ummecleydet,
        De scholden to beyden enden snyden,
        Den wolde ik up unde nedder riden
        Wente an den junghesten dach!
1945    Des mot ik schrien o wig unde o wach,
```

1923. wor. 1932. wafen. 1935. bûte.

Nu my des nicht mach beschen!
Dat maket de homud over en!
Homud is en ambegyn aller sunde, [Bl. 12ᵇ]
Homud heft us duvele senket in afgrunde.
1950 De mynsche is to den vrouden karen,
De we duvele hebben vorlaren.
Doch wille wy ene to us keren,
Wen he sik myt sunden wil beweren,
He si leye edder pape,
1955 Here, ridder edder knape,
Bischop, cardinal edder pawes,
Hyntzke, Hermen edder Clawes,
Klosternunne edder bagyne,
Se si eyslik edder fine :
1960 Wan se de sunde hebben dan,
Se scholen myt us duvelen to der helle gan.
Wi willen en alle voreleghen,
Dat se jo myt us to der helle vleghen.
  Iterum Lucifer:
Nu wol her, mynen leven knechte!
1965 Gy denen my jo wol to rechte.
Wat wille wi don tor leddeghen tid,
Dar wy nicht hebben alsulken strit?
Gy horen wol wat desse pape secht:
Jhesus de schole kamen echt.
1970 Dar umme dunket my gut, bi mynen waren,
Dat wy hen tor helle varen
Unde warden dar use selen,
Dede uns nu sint worden to dele.
O knechte, myn jamer is so lank,
1975 Van kummer bun ik worden krank!
Wolde gy my to der helle dreghen?

  Noytor:
Ja, here, des wille wy di pleghen.

  [Lucifer:]
O leven knechte, dot my jo nicht we!

  [Noytor:]
Here, recke her dyn kne
1980 Unde hanghe us up den bak!
Werstu ok so swar alzo en molensak
Unde haddest ok gheslaken den gantzen molenpaghen,
Noch wille wy di wol to der helle draghen.
Leven kumpane, tastet to like,
1985 Dat em dat hovet nicht untslike!
Et sic portant cantantes: 'drech weeh den olden fornicatorem!'

Conclusor ascendit dolium, dicit:

Horet eyn weynich, al ghemeyne,
Beyde grot unde cleyne,
Dat wi dat spil in corter acht
Nu hebben up enen ende bracht.
1990 Is hir ane vorsumet ghicht,
Des en legget uns to arghe nicht,
Wente ik hebbe dat dikke lesen:
Nen mynsche kan vullenkamen wesen.
Ok sach ik newerlde enen,
1995 Dede allen luden konde to danken denen.
Hir umme bidde wy ju uppe dat leste,
Dat gy jo weten unse be[ste].
Wente kone wi dat wol raken,
So wille wy hir namals en beter maken.
2000 Wy willen uns vrowen an gade
Unde vorvullen syne gotliken bade
Unde leven al an gades gnade,
So mach uns de bose ghest nicht schaden.
Wente alzo gy id hebben gheseen
2005 Unde moghen merken aver en,
Wo de bosen gheste dar na rynghen,
Dat se de lude to den sunden brynghen.
Dat dot se deme mynschen umme hat,
Dat he nicht en kame in de vroude, de he vor besat.
2010 Nu is us up dat leste en bylde gheven,
Wo de lude van allen ammeten werden to der helle
    dreven.
Dat en the sik nummeut to hone,
Men malk hebbe syner sunde schone.
Wente des arghen schut leyder mer unde vele
2015 Wenme wol kan unde doer brynghen to spele
Edder wenme kan beschryven.
Got gheve, dat wy alto male by em blyven
In syneme ewighen rike.
Des helpe uns got al ghelike!
2020 Wente got heft uns alle ghewraken
Unde heft der duvele helle tobraken
Unde heft uns dat paradis ghegheven,
Dar wy scholen ewighen myt em leven.
Des wille wy uns vrowen in allen landen
2025 Unde synghen: 'Cristus is up ghestanden!'

1997. be... *Der Rest des Wortes abgerissen.* 2001. voruůllē.

Anmerkungen.

1—18. Engel als Sprecher des Prologs erscheinen meines Wissens ausser hier nur noch im Pfarrkircher Passion (s. Wackernell, Die ältesten Passionsspiele in Tyrol. Wien 1887. S. 103), über dessen nahe Verwandtschaft mit dem Redentiner Spiel in der Einleitung S. 20 gehandelt ist. Nach Wackernells Meinung sind dort die Engelprologe von einem späteren Interpolator eingeschoben.

1. 2. Vgl. Innsbrucker Auferstehung (bei Mone, Altteütsche Schauspiele) 545: *Nue swiget alle gliche, beide arem und riche.* S. über diese stehende Formel Wirth, Die Oster- und Passionsspiele bis zum 16. Jahrhundert (Halle 1889) S. 165. Vgl. auch unten zu 1222.

3. *bilde*, Vorstellung, Darstellung. Vgl. 2010. Im Sterzinger Passion (bei Wackernell a. a. O.) S. 16 heisst es dafür: *Da mit sol die figur heint ende han*, ebenso im Pfarrkircher Passion ebd. S. 23: *Des man euch zaigen wiert ain figur.*

8. Vgl. Innsbrucker Auferstehung 31: *ir müget gerne hüren czue.*

9. Vgl. ebd. 5: *seczt uch neder czue der erden;* 23: *dar umme swiget und seczet uch neder.*

17. Vgl. Bordesholmer Marienklage (in Ztschr. f. deutsches Alterthum 13) 126: *dat uns dat allen beschee;* 881: *dat uns dat altomale beschee.*

19—40. In der Schrift ist von einer Beratung der Juden nicht ausdrücklich die Rede; deshalb fehlt dieser Auftritt in den meisten Spielen. Die vorgäugige Ratschlagung liess sich aber leicht folgern aus Matth. 26, 62: *Altera autem die, quae est post Parasceuen, convenerunt principes sacerdotum et Pharisaei ad Pilatum.* Vgl. Passional 81, 12 ff.: *hie nach an dem anderen tage der juden vursten quamen, zu samne si sich namen, in einem gemeinen rate giengen si zu Pylate.* Vgl. Wirth S. 21.

19. 20. Fast gleichlautende Verse Theophilus 2, 47: *Nu horet jy heren over al, Eyne rede ik ju seggen schal.* Vgl. Innsbrucker Auferstehung 50. 51.

30. Vgl. Innsbrucker Auferstehung 151: *und sprechen, her sye von dem tode erstan.* Passional 81, 31: *vnde sprechen, er si vf erstan.*

37. Vgl. Erlauer Spiele V, 40 und Kummers Anm.

38. Vgl. 44. 805. Valentin u. Namelos 2296: *de junkvrowe lêt em de rede vorstân.*

41. *Pilatus here.* Die Anrede mit „Herr" findet sich in allen Oster- und Passionsspielen. Pilatus wird durchweg als mittelalterlicher Fürst dargestellt, v. 908. 912 heisst er sogar *here konink.* Er hält Gerichtstag (119 ff.), an seinem Hofe befinden sich Ritter, denen er reichen Sold und Lehen gibt, die daher auf Erhaltung seiner Huld sehr bedacht sind, und die er unter Umständen aus dem Lande jagt (130. 802). Auch Knappeu dienen ihm (890). Da er gleich andern Fürsten des Mittelalters nicht lesen kann, so hält er sich einen Schreiber, der ihm vorliest (992. 1000. 1004). Vgl. Wirth a. a. O. S. 148 ff.

42. *sp rek up* 'sprich! sag an!' Vgl. 807. Sündenfall 1427. *sech up* Theophilus 1, 589. — *wat brinxtu nyer mere?* Vgl. unten 381. 883. 914. Innsbrucker Auferstehung 67: *habit ir icht nuwir mere vornamen?* Erlauer Spiele V, 84: *sagt an, wiszt ir icht neuer mär?* Waldis Verl. Sohn 269: *Segghe my, wath wesztu nyger mehr?*

50—53. Vgl. Urstende ed. Hahn 112, 82—85.
53. 54. Vgl. Egerer Fronleichnamspiel (ed. Milchsack in Bibliothek des litt. Vereins CLVI) 7334 f. und Milchsacks Anm.
72. *sulver unde golt* sind eine stehende Formel bei Anwerbung von Kriegsvolk. Vgl. unten 204 und Wirth S. 81.
77. Das *o* in *wolken* wie in *wolk* 658 (doch s. 796: *welken*) ist aufzufassen als eine übrigens der Mundart nicht ganz fremde Verdunkelung des *e* zu *o* (s. Nerger, Grammatik des mecklenb. Dialektes. Rostock 1869. § 23).
81. 82. Vgl. Innsbrucker Auferstehung 138: *Wir wullen nemen uwir gabe und wullen hüten bye dem grabe.*
83. Die Hs. hat *uns dre mede.* Drosihn in Ztschr. f. d. Phil. 4, 401 fasst *mede* als 'mit' und übersetzt: „Will man uns.. drei mitgeben, so u. s. w."; ebenso Freybe: „will man uns drei zum Geleite geben." Andere Erklärer fassen, wie ich glaube mit Recht, das Wort als *méde*, 'Miete, Lohn'. In diesem Falle bereitet das hs. *dre* Schwierigkeit, da ja nicht drei, sondern vier milites in Frage kommen. Deshalb ändert Ettmüller: *wil men üs fere mede geven.* Zacher in einer Anmerkung zu Drosihns Erklärung a. a. O. sagt: „Etwa *dure mede* = mhd. *tiure miete*, hohe Bezahlung?" Diese Aenderung scheint mir das Richtige zu treffen. Vgl. Theophilus 1, 791: *unde gif Theophilo duren solt;* 2, 264: *ik wil dy geven duren solt.* Im mnd. Wb. 3, 50ᵃ ist unsere Stelle angeführt, aber *dre* in *die* geändert, was gegen den Gebrauch der Hs. geht.

84. Statt des handschriftlichen *den leven* setzt Ettmüller *de* (eos qui) *leven.* Ohne Grund. *leven* steht für *levenden*, wie unten 1171. 1568 *bewanen* für *bewanende.* Ein derartiger Abfall der Endungen bei der Declination des Part. Präs., so dass eine scheinbare Infinitivform entsteht, ist der heutigen mecklenburgischen Mundart nicht fremd (s. Nerger § 203) und auch sonst im Niederdeutschen belegt, z. B. Koker S. 308: *Wer syn husz övel deckel ode sperd, De heft alletyd eyn drüppen dack* (das mnd. Wb. 1, 589ᵇ setzt darnach irrig ein Subst. *druppendack* an); *szeevaren man* Liliencron, hist. Volksl. 3 Nr. 398 Str. 2; *de rasen störten, de vallen störtn* De düdesche Schlömer 1292. 1517. 1536. 3588 und Boltes Anm. zu 1292. Vgl. auch Brant, Narrenschiff 46, 15: *Wer aber wisszlich wandlen ist;* 85, 2: *All die vff erden leben fyndt.*

86. Vgl. Mercatoris Vastelavendesspil (Mnd. Fastnachspiele ed. Seelmann. Norden 1885. S. 35) 69: *Vor my kanstu yo nicht genesen.* Zwiegespräch zwischen Leben und Tod (ebd. S. 45 ff.) V. 13.

87. 88. Vgl. 141 f. Innsbrucker Auferstehung 176: *ab Jhesus welde uf stan, ir schult en weder neder schlan.* Wiener Osterspiel (bei Hoffmann von Fallersleben, Fundgruben II) 301, 31: *Wenn die junger kommen gegan, so wellen wir sie nider slan.* Alsfelder Passionsspiel 6989: *Ab Jhesus wolde uff stan, Dasz mer en widder nidder slan.*

90. Vgl. Bordesholmer Marienklage 143: *scholdet ok kosten dat levent myn.*
94. *Dat he des* (d. h. des Auferstehens; Ettmüller: *des speles*) *wol begunde. dat hier im Sinne von weret dat* 'gesetzt dass'. Vgl. mnd. Wb. 1, 489.

108. *Ik gheve ju myne mome vor ene maget*, so gebe ich euch meine Mutter (*mome* = *moder*, s. mnd. Wb. 3, 316) für eine Magd, d. h. als eine Jungfrau. Volkswitz zur Bezeichnung von etwas Unmöglichem. Ettmüller und Freybe vergleichen Uhland, Volkslieder 1, 17: *schal ick di alle de wilden schwin in einen kaven driven, so schaltu mi din moder geven vor junkfruw to einem wive.*

114. Diesen erzählenden Zwischenvers, der in unserem Stücke vereinzelt dasteht und in der Hs. nicht besonders als solcher gekennzeichnet ist, habe ich einem expositor ludi in den Mund gelegt, nicht, wie Ettmüller, Freybe und Froning thun, einem chorus. Vgl. über derartige Zwischenverse, welche die Stelle

der Bühnenanweisungen im heutigen Drama vertreten, Drosihn im Programm des Gymnasiums zu Neustettin 1866 S. 7 Anm. 11. Gereimte Zwischenverse auch Theophilus 3, 260. 284. 402 sowie der Jesusknabe in der Schule (Nd. Jahrb. 14, 5 ff.) 48. 66 und zahlreich in La résurrection du Sauveur bei Monmerqué und Michel, Théâtre français au moyen-âge (Paris 1839) p. 10 ff.; diese bilden aber alle für sich ein vollständiges Reimpaar. — Mit dem Zwischenverse wird der Auftritt geschlossen sein und wir haben v. 115—118 wohl „als eine selbständige Scene aufzufassen, in der freilich nichts weiter gesprochen ward als die Aufforderung des ersten Söldners an seine Genossen, den Zug zu beginnen." (Ettmüller.)

117. *Dat ghelt maket den helt springhen.* Sprichwort, bei Wander, Deutsches Sprichwörter-Lexikon nicht verzeichnet.

118. Die Söldner ziehen also mit Gesang und Tanz zum Grabe. Dieser Gesang fehlt in unserem Stücke, während er in der Spielordnung anderer, dem unserigen nahe verwandter Spiele seinen Platz gefunden hat. Im Wiener Osterspiel S. 302 heisst es einfach: *Die ritter tanzen zum grabe cantando: Wir wellen zu dem grabe gan.* Das sind die Anfangsworte eines wie es scheint stehend gewordenen Liedes der Grabwächter auf ihrem Zuge; das ganze Lied erscheint zuerst in der Innsbrucker Auferstehung 142 ff.: *Wir wullen czue dem grabe ge, Jhesus der wil uff ste; ist daz war, ist daz war, so sint gulden unse har,* und dann öfter in den Osterspielen. Vgl. Wirth S. 87 und Kummer zu Erlauer Spiele V, 286.

119—194. Kummer a. a. O. S. LIV weist darauf hin, dass diese Scene in Widerspruch steht zu der v. 40—76, in welcher Pilatus die Möglichkeit der Auferstehung leugnet, während er sie hier zuzugeben scheint. Dieser Widerspruch ist in der That vorhanden; doch scheint mir daraus nicht mit Kummer geschlossen werden zu müssen, dass unsere Stelle später hinzugedichtet ist. Vielmehr sehe ich darin einen gelungenen Versuch zur Charakteristik der schwankenden Haltung des Pilatus.

119 f. Vgl. Wiener Osterspiel 298, 34: *Weicht alle gemeine, Beide grosz und kleine* und die Rede des servus Pilati im Sterzinger und Pfarrkircher Passion (bei Wackernell a. a. O.) S. 78: *Weicht und tret hin dan verr: Hye get Pillatus, mein herr.*

125 ff. In den meisten Spielen ist die Zahl der Grabeswächter vier, ohne bestimmten Anhalt in den Evangelien; im Osterspiel bei Pichler, Ueber das Drama des MA. in Tirol, S. 143 sind es ihrer fünf, im Pfarrkircher Passion (bei Wackernell a. a. O.) S. 96 anscheinend sechs, im 5. Erlauer Spiel und im Egerer Fronleichnamspiel sogar acht. Die Namen der Hüter sind im Redentiner Spiel jüdische, ebenso im Donaueschinger Passionsspiel (bei Mone, Schauspiele des MA. II, 336), wo sie Josue, Samson, Johel und Samuel heissen; im Wiener Osterspiel 312, 23 heisst der primus miles Moab. Im übrigen führen die Grabwächter, echte Prahlhänse und ein beliebter Gegenstand des Spottes (s. Weinhold, Ueber das Komische im altdeutschen Schauspiel, in Gosches Jahrbuch für Litteraturgeschichte I S. 24 f.), soweit sie benannt sind, gern deutsche Namen (*Unverzait, Schuerenprant, Wagendrusel, Helmschrat, Wagsring* im Osterspiel bei Pichler a. a. O.; *Helmschrot, Dietrich, Hilebrant, Laurein, Sigenot, Tritinklee, Tondulus* im Egerer Fronleichnamspiel S. 280 f. 294; im Alsfelder Passionsspiel 6935 heisst der tertius miles: *her Isengrin)* und geberden sich als deutsche Recken (s. eine Charakteristik derselben bei Wirth S. 150 ff.). Dass in unserem Spiel der primus miles Salomon ein Schwert *Mummink*, der tertius miles Boas von Thamar ein Schwert *Klinghe* führt und der secundus miles den Zunamen *Howeschilt* trägt, macht eine gewiss beabsichtigte komische Wirkung.

136. *He mochte sik lever laten des kynkhostes boten*, wörtlich: er möchte

sich lieber lassen vom Keichhusten heilen, den Keichhusten vertreiben lassen. Freybe: „Er liesse sich lieber vom Keichhusten böteu." Drosihn a. a. O. irrig: „Der sollte wünschen, lieber den Keichhusten zu haben." Im Mhd. ist *einem den (dax) kichen büezcn* bildliche Redensart und bedeutet etwa: einem übel mitspielen. Vgl. Neidhart 50, 21: *man büezet im den kichen dax er vil riuwic stât.* Hugo v. Langenstein Martina 181, 77: *Er wolde im nicht entwichen E dax er im dax kichen Buoxte;* 244, 55: *Im was sin kalle gesweiget, Sin rechter voget erzeiget Der im dax kichen buoxte Und in so herte gruoxte, Daz was sin rehter ungewin;* ähnlich 181, 50: *Der lowe ane gebende tet im do des huosten buox.* Demnach liesse sich unsere Stelle frei etwa so übersetzen: er möchte lieber alles andere Böse über sich ergehen lassen.

137. *Mummink* ist entstellt aus *Mimminc* oder *Mimmunc*; so hiess das sagenberühmte Schwert, welches Wieland für seinen Sohn Witege geschmiedet hatte. Biterolf und Dietleib 157. 8557. 11090. 12273. Alpharts Tod 450, 4. Rabenschlacht 402, 5. 901, 6. Virginal 730, 11. 873, 11.

150. *Woldat de enwart nc vorloren.* Sprichwort, s. Wander 5, 342 Nr. 25. Vgl. Tunnicius ed. Hoffmann von Fallersleben Nr. 1024: *Woldât levet unde blift na dem dode* (Proverbia communia ed. Jellinghaus. Kiel 1880. Nr. 705); ähnlich ebd. Nr. 537: *Gût deinst en blift nicht vorloren* (Prov. comm. Nr. 370).

159. *gummen* erklärt das mnd. Wb. 2, 165ᵃ fälschlich als Contraction von *gude man*; auch die dort angeführte Erklärung Hoffmanns im Wörterbuch zu Theophilus 1 („weiter nichts als eine tautologische Zusammensetzung von gumo und man") trifft nicht das Richtige. Die arische Urform des Wortes ist nach Fick, Wörterb. der indogerm. Sprachen ³ 1, 577 *ghaman* Mensch, eigentlich Irdischer, Erdensohn (von *gham, ghamâ* f., Erde); davon lat. *homo* (aus *ghomo*), goth. *guma,* ahd. *gomman.* Vgl. Lexer mhd. Handwb. s. v. *gomman.* Freybe: „Menschenkind".

168. *egghe*, st. sw. f., die Schneide einer Waffe, meist im Plur. wegen der Zweischneidigkeit der Schwerter; s. mhd. Wb. 1, 410ᵃ s. v. *ecke.* — *brune egghen* formelhafte Verbindung, vgl. Herbort 13034. Lamprechts Alex. ed. Massmann.1734. 4465. Wernher v. Elmendorf 766 u. ö.

169. Der Name des Schwertes *Klynghe* bedeutet schon an und für sich Schwert. Deutsches Wb. 5, 1172, 3, b.

170. *scharp rechte so en swynghe,* scharf wie eine Flachsschwinge. Wohl spöttisch gesagt. Vgl. Koker S. 333: *Myt bessem unde myt swyngen Plegt men ungerne to vechten.*

172. *Tros,* Interjection: Trutz sei geboten! — *dat im Sinne von weret dat,* wie oben 94. Vgl. Erlauer Spiele V, 200: *trucz das iemant sprech has nach.*

173. 174. Die Erklärung dieser Stelle ist nicht sicher. Ettmüller ersetzt *beselen* durch *beschelen (beschellen* mnd. Wb. 1, 260ᵇ) und erklärt: „Das Bein von der Haut entblössen." So sagt im Erlauer Spiel V, 130 primus miles in gleichem Zusammenhange: *ich schrot iem in sein fleisch unx an das pain,* und tertius miles 152: *ich xerhau iem die pain unx auf das markch.* Und in der That verlangt der Sinn ein Verwunden des Beins, wenn v. 174 richtig gedeutet wird, wie Ettmüller thut: „er sollte ein Jahr lang an dem Kniebug Schmerz fühlen." *hase* oder *hasse,* wie Ettmüller schreibt, stünde dann für das gewöhnliche mnd. *hesse.* Aehnlich erklärt Froning die Stelle. Freybe: „Ich wollt ihm versohlen das Bein mit dem Stahl, dass er litt ein Jahr an dem Kniebug Qual." Anders Walther im nd. Jahrbuch 16 S. 45, der, wie auch im mnd. Wb. 1, 268ᵃ geschehen, *beselen = besolen, besalen* und *hase* als Hose, Beinling fasst und demgemäss erklärt: „Ich wollte ihm so das Bein besudeln,

dass er ein Jahr lang an seiner Hose kranken sollte." — Zu den Belegen für *besolen* im mnd. Wb. füge ich hinzu Hermen Botes Boek van veleme rade (nd. Jahrb. 16) XI, 14 f.: *Wede mit eynem kodrecke wil wranghen, De bezolet gherne de knovel.*

190. 191. Vgl. Egerer Fronleichnamspiel 7394: *Er wirt geschlagen aüff seinen nack, Das im all sein leib knackt.*

194. Für *unbestroffet* der Hs. setze ich *unbestraffet.* Ettmüller: „unbeströft, ungerupft". Aber das würde nd. *unbestropet* heissen müssen.

199. *Oft sik dat gheralle.* Es wird nicht nötig sein hinzuzudenken: dass Jesus aufersteht; sondern man wird einfach übersetzen können: im gegebenen Falle, nötigenfalls. Vgl. *ifft sik dat geuelle* (= si accidat) im mnd. Wb. 2, 91[b]; Daniel von Soest Gemeine Bicht 1595: *oft dat sik so gefelle eder queme.* Freybe: 'ob was vorfalle'.

206. *Hiddensee* = Hiddensöe, Insel an der Westküste von Rügen, *Mone* = Möen, Insel an der Südostküste von Seeland. Der Wächter foppt die Ritter, indem er sie weckt bei einer in weiter, nebliger Ferne liegenden Gefahr, denn von der Wismarschen Bucht aus sind weder Hiddensöe noch Möen zu sehen.

209. *An eyneme korve.* Korb = Schiff, s. deutsches Wb. 5, 1799, 3, b.

212. *Pole*, die Insel Poel, s. Einleitung S. 9.

219. 220. Diese beiden Verse hat Mone in der Hs. übersehen. Meine Verszählung ist also von hier ab gegen die Monesche um 2 voraus. — *bellen* 'latrare' ist im mnd. Wb. nicht aufgeführt; weitere Belege liefern die Proverbia communia Nr. 16: *Alze de olde hund beeld so schal men up seen;* Nr. 450: *Lethe de def syn stelend de hund lethe syn bellend;* Nr. 696: *Wat schadet des hundes bellend, de nycht en byth* und (gleichfalls in der Zusammenstellung *schryen unde bellen*) Dat nye schip van Narragonien (Rostock 1519) 70[b]: *De hunt de schryet vnde belt.* Ferner Halberstädter Bibel (1522) Judith 11, 13: *vnd ein hund enschal iegen dy nicht bellen.* Gryse, Leien Bibel (Rostock 1604) I Bl. X 2[b]: *Solck ein böser Hundt ys dat böse Geweten so ock synen egenen Heren anbellet ... Ouerst de Küle, secht men, schal noch wassen darmit men den bellenden vnd blekeden raseden Hundt in der luchteren Borst kan tho dode slan.* De düdesche schlömer 449: *Leuer hör ick de Hünd bellen.* Hermen Bote, Boek van veleme rade VIII, 62: *Dar bellet neen olt hunt, he vorneme wat.* Chytraeus, Nomenclator latinosaxonicus (1604) 296: Latratus, *dat bellen edder blekendt der Hunde.*

226. *keyser* ist in der Sprache des Mittelalters ein Epitheton Gottes und Christi. Demnach wäre *des keysers vrouwe* die Jungfrau Maria, — immerhin eine merkwürdige und sonst nicht belegte Redewendung.

Nach 228. Die Symmetrie im Bau des Stückes würde eigentlich erheischen, dass der Wächter auch noch den vierten Ritter apostrophierte und dieser sich mit einer Gegenrede vernehmen liesse. Aber vom Ritter Sadoch ist nicht weiter die Rede; wir müssen annehmen, dass der, ohne ein Wort zu verlieren, sich schon lange schlafen gelegt hat, — oder aber der Schreiber hat hier etwas von seiner Vorlage unterdrückt.

229 ff. „Die Auferstehung Christi ist in allen Stücken sehr gleichmässig behandelt. Die Darstellung beruht auf den Hymnen der Messe des Ostersonntags, mit Benutzung der Andeutungen in Matth. ¦28, 2—4 für die scenische Aufführung." Wirth S. 22. Vgl. Kummer S. LV.

229—32. Die Worte sind lediglich eine Uebersetzung der in der Spielordnung nur angedeuteten, im Alsfelder Passionsspiel S. 221 vollständig überlieferten Worte des Engels: *Dormite, milites, dormite, opus domini non impedite!* alleluja. — Auffallend ist in v. 230 die, vielleicht durch das Reimbedürfnis beeinflusste conditionale Fassung des Satzes. *have fasse* ich als 3. sing.

conj. praes. von *hebben* (s. über die mannigfachen Formen dieses Verbs Germania 14, 187); im mnd. Wb. 2, 172ᵇ ist unsere Stelle beim Verbum *haffen* angeführt.

233. Die von dem Engel zu singenden Worte lauten vollständig: *Exurge! quare obdormis, domine? exurge et ne repellas in finem.* Ps. 44, 24. Vgl. Kummer zu Erlauer Spiele V S. 139 Anm. a. — Die Reihenfolge der redend eingeführten Erzengel ist willkürlich. Der hier zuerst das Wort ergreifende Raphael wird vor 521 als tertius angelus bezeichnet; Uriel muss primus angelus sein, der nicht mit Namen genannte quartus angelus Michael; Gabriel wird in der Spielordnung vor 533 ausdrücklich als secundus angelus aufgeführt.

238. Der Vers, wie ihn die Hs. bietet, ist offenbar verderbt. Nach meiner Aenderung ist der Sinn der Stelle: Seit deine Menschheit (d. h. deine menschliche Natur; vgl. deutsches Wb. 6 s. v. Menschheit 1, a) die göttliche Klarheit an sich genommen hat, die hier lieblich (Freybe unrichtig: leiblich) an dir steht.

245. *Du vů,* wie die Hs. hat, ist sinnlos, die Aenderung in *Du up* geboten: Thu auf den Schrein deiner Heiligkeit. Vgl. Innsbrucker Auferstehung 164, wo es in gleichem Zusammenhange heisst: *thoe hüte uff dine heilige hant.* — Die Bezeichnung des Grabes Christi als *archa der hillicheyt* ist durchaus angemessen: *archa* oder *arca* = *arcula seu sacra pyxis in qua SS. Eucharistiae Sacramentum reconditur; feretrum, theca in qua reconduntur sacrae reliquiae.* Du Cange-Henschel s. v. arca 3.

Vor 251. *Resurrexi et adhuc tecum sum* (Ps. 138, 18) ist der Introitus missae am Ostersonntag. Vgl. Kummer zu Erlauer Spiele V S. 140 Anm. a.

251. Vgl. Aucelmus ed. Lübben 1032: *Nu is alle dingh vullenbrocht.* Bordesholmer Marienklage 618: *aller propheten sproke synt nu vullebracht de van des mynschen sone gy worden bedacht.*

260. Nach der Anschauung der Scholastiker war die Ursache von Lucifers Fall seine superbia. So heisst es in Gotfrieds von Viterbo Pantheon (s. Roskoff, Geschichte des Teufels 1, 315): *Voluit deo aequalis imo major apparere, unde a coelesti aula in carcerem inferni tanquam malefactor detrusus . . . Sicut prius pulcherrimus, ita factus est teterrimus, prius splendidus, postea tenebrosus, prius honore laudabilis, postea errore exsecrabilis, mox creatus per superbiam intumuit etc.* Diese Anschauung beherrscht die mittelalterliche Dichtung. S. die Darstellungen von Lucifers Sturz: Sündenfall 450—581; Egerer Fronleichnamsspiel 93—302. Vgl. Barlaam 711 ff.: *Lucifer, den trouc sin tumber win daz er gote wolde sin gelich . . . do warf in sin hôchvart von himel in der helle grunt;* 765: *der tiuvel der durch hôchvart verstôzen von dem himel wart.* Renner 284: *daz Lucifer ein tiuvel wart, daz kom von siner hôvart.* Vridank 29, 14: *Lucifer verstôzen wart von himele durch die hôchvart.* Brant Narrenschiff 92, 101 ff. Alsfelder Passionsspiel 7147: *Luciper, din obermut Der wirt dir nu nach nummer gut. Dar umb mustu vorstoisszen sin Von den himmeln in disse helle-pin.* Hermen Botes Boek van veleme rade I, 17: *Wente dorch hat unde hovart De duvel uth dem hemmele vorstot wart.* Andere Stellen bei Dreyer, Der Teufel in der deutschen Dichtung des Mittelalters (Rostock 1884) S. 7. Vgl. auch unten V. 1930. 1947 ff.

261—754. Die ganze Darstellung der Höllenfahrt Christi ist wohl nicht, wie Wirth S. 272 behauptet, „grösstenteils nach dem Passional bearbeitet"; die von ihm S. 270 ff. beigebrachten Parallelen sind von geringer Beweiskraft. Vielmehr beruhen die einschlägigen Teile unseres Stückes bezw. seiner Vorlage nach meiner Ueberzeugung unmittelbar auf dem zweiten Teil des Evangelium Nicodemi, dem Descensus ad inferos (Evangelia apocrypha ed. Tischendorf, 2. Aufl., Leipzig 1876), und zwar liegt unserem Text die Fassung A (bei Tischendorf

S. 389 ff.) zu Grunde (s. auch Wülcker, Das Evangelium Nicodemi in der abendländischen Litteratur. Paderborn 1872. S. 70), jedoch in einer Recension, welche auch einzelne Stellen der Fassung B aufnahm (s. zu 289 und 501). — Zu der Spielordnung vor 261 vgl. Descensus ad inferos cap. II, 1: *Nos autem cum essemus cum omnibus patribus nostris positi in profundo in caligine tenebrarum, subito factus est aureus solis calor purpureaque regalis lux illustrans super nos. Statimque omnis generis humani pater cum omnibus patriarchis et prophetis exultaverunt dicentes etc.* — Mone Alttetltsche Schauspiele S. 109 hat daran Anstoss genommen, dass, im Widerspruch mit dem apostolischen Glaubensbekenntnis, Christi Auferstehung seiner Niederfahrt zur Hölle vorausgeht, und glaubt diese unrichtige Folge der Handlung nicht anders als aus der Unkenntnis eines Laien erklären zu können. Mone selbst ist dann später anderer Ansicht geworden und hat erkannt, dass diese Anordnung von der dramatischen Oekonomie gefordert wird, „da man die Seele Christi ohne Leib nicht darstellen konnte" (Schauspiele des Mittelalters 2 S. 10). Vgl. Wackernell u. a. O. S. 92. Uebrigens lässt auch Klopstock im Messias die Höllenfahrt erst nach der Auferstehung folgen.

261. Weder im Descensus ad inferos noch in den andern auf ihm beruhenden Dichtungen wird unter den Altvätern in der Vorhölle Abel genannt, seine Einführung ist eine Eigentümlichkeit unseres Stückes. Das ist, wie Mone S. 10 mit Recht hervorgehoben hat, ein sehr feiner Zug: „Der erste Mensch, der ermordet wurde, bekommt auch den ersten Trost der Erlösung (der geistigen Auferstehung) durch Christus, der ja auch unschuldig ermordet ward."

265. Statt *wat* schreibt Ettmüller *went*, ohne aber diese Abweichung von der Hs. anzumerken. *Wat* kann m. E. hier gleicherweise als Interrogativ: warum uns wohl Gott u. s. w., oder als Interjection: traun, Gott sandte uns u. s. w. gefasst werden.

266. *sende* steht wohl des Reimes wegen ohne Rückumlaut für *sande*. S. Nerger, Grammatik des mecklenb. Dialektes § 111.

276. Vgl. Descensus ad inferos a. a. O.: *Haec est lux patris*, welche Worte dort allerdings dem Jesaias in den Mund gelegt sind.

278. *to allen vramen*. Die heute in der Mundart allgemein durchgedrungene Schwächung der vollen Endung *eme* des Dat. Sing. Masc. und Neutr. der Adj. und Pron. zu *en* (s. Nerger a. a. O. § 138. 239) tritt in unserem Stücke ausser hier noch v. 356, 681, 682 auf. Im übrigen erscheint sie in mecklenburgischen Schriftstücken auch schon im 14. Jahrh. gelegentlich. S. Mecklenb. Urkundenbuch Bd. 16 Nr. 9553 S. 108: *myt allen egendome*; Nr. 9561 S. 125: *na dessen dage*; Nr. 9562 S. 125: *in dessen breve*; Nr. 9564 S. 128: *mit guden willen* und *to enen male*; Nr. 9636 S. 198: *midt guden willen*; ebd.: *tho enen rechten eruelehngude*; Nr. 9646 S. 207: *myd endrachtyghen willen* (sämmtliche Stellen von 1366/67). Vgl. auch Des dodes danz 1000: *mit halven gelde* und Baethckes Anm. Val. u. Nam. 1368. 2439: *mit meinen rade;* 1520: *mit den vorrader*. Auffallend häufig begegnet die abgeschwächte Form in Meister Stephans Schachbuch 959. 1049. 1093. 1256. 1788. 1975. 3255. 3657. 3836. 4133. 4254. 4866. 5033.

289. 290. Die Stelle aus Jes. 9, 2 gibt unser Stück in der Fassung B des Descensus, welche auch die der Vulgata ist; in A lautet sie etwas abweichend.

293. *an deme lande der dotliken schemen* ist wörtliche Uebersetzung von *in regione umbrae mortis* (v. 290).

296. *sol* des Reimes wegen für *schal*. Ebenso *wol : sol (schol)* Val. u. Nam. 792. 1218. 1376.

304 ff. Luc. 2, 29. 30.

308. *lat my myt dy werden deyl*. Die Construction ist unklar. Das

mnd. Wb. 1, 499ᵃ führt unsere Stelle zum Subst. *dél, deil* an. Ettmüller möchte *deil* als Adj. im Sinne von *dêlhaftich* nehmen. Freybe: „gib mir an Dir mein Teil"; Froning: „lass mich deiner teilhaftig werden" — beides dem Sinne nach gewiss richtig.

Vor 313. *Lumen ad revelationem gentium, et gloriam plebis tuae Israel* (Luc. 2, 32) ist die Antiphone auf Lichtmess.

313. Vgl. Descensus ad inferos II, 3: *Et posthaec supervenit quasi heremicola, et interrogatur ab omnibus: Quis es tu?* Als Repräsentant der *omnes* der Vorlage führt hier Simeon das Wort, ebenso wie unten 683 ff.

318. Das Wort *vorloper* ist im mnd. Wb. nur einmal belegt. Ich füge hinzu Koker S. 341: *Dat is des düvels vorlöper*.

323. Vgl. Descensus ad inferos a. a. O.: *baptizavi eum in flumine Jordanis*.

337. Vgl. Descensus a. a. O.: *quia in proximo est visitare nos. — nagher,* der Comparativ in der Bedeutung des Positivs, wie auch unten 417. Vgl. Seelmann zu Valentin u. Nam. 50, der darin einen mittelniederländ. Sprachgebrauch sehen will.

Nach 338. *Ecce agnus dei, ecce qui tollit peccatum mundi.* Ev. Joh. 1, 29.

339 ff. Ueber die Sage von der Sendung Seths ins Paradies nach dem Oel der Barmherzigkeit s. die Einleitung zu meiner Ausgabe des Gedichtes Van deme holte des hilligen cruzes (Erlangen 1869) S. 12 ff. Zu den dort gegebenen Belegen füge ich noch hinzu: Sibyllen Weissagung bei Mone, Schauspiele des MA. I, 313 ff; Urstend Christi (ed. Birlinger in Herrigs Archiv Bd. 39) S. 370 und La Nativité de N. S. Jésus-Christ (bei Jubinal, Mystères inédits du quinzième siècle, Paris 1837, II S. 17 f.).

356. Die *vj hundert* der Hs. (Ettmüller unterdrückt die 600) sind vielleicht nur Schreibfehler für *r hundert*. Vgl. Descensus ad inferos cap. III: *quinque millia et quingenti anni.* Danach im Passional 99, 1: *sesthalbtusent jar*. Diese Zahlen stimmen zu der Zeitrechnung des Anianus, Julius Africanus und Syncellus, während die Angabe in Urstend Christi a. a. O.: *fünftausend rund zwayhundert jar* auf der Aera des Hieronymus beruht. Die Zahlen in der Urstende 126, 45 f.: *fümf tousent und fümf hundert jar und fümf und fümfzic dannoch me* und in der Extractio animarum ex inferno (bei Marriot, A collection of English Miracle-Plays of Mysteries, Basel 1838) p. 163: *Four thousand and six hundred yere* sind willkürlich. S. Grotefend, Zeitrechnung des Mittelalters und der Neuzeit I (Hannover 1891) 207 s. v. Weltären.

363 ff. Dass Jesaias zum zweiten Male das Wort ergreift, ist eine Zuthat unseres Dichters. — Die hier dem Jesaias in den Mund gelegten Worte sind unzweifelhaft eine Wiedergabe von Jes. 9, 6. 7: *et vocabitur nomen ejus: Admirabilis, consiliarius, Deus fortis, pater futuri saeculi, princeps pacis. Multiplicabitur ejus imperium, et pacis non erit finis.* Deshalb schlägt Drosihn in Zeitschr. f. d. Phil. 4, 401, dem Zacher in einer Anmerkung beipflichtet, vor, in v. 368 statt *got sterflik* zu lesen *got sterklik*. Diese Aenderung hat etwas sehr Ansprechendes. Dass das Adj. *sterklik* nicht nachgewiesen ist, wie Drosihn bemerkt, fällt nicht ins Gewicht, da das Adv. *sterkliken* im mnd. Wb. 4, 391ᵃ belegt ist. Trotzdem halte ich an dem *sterflik* der Hs. fest. Vgl. auch Freybe S. 218 f.

367. Vgl. Sündenfall 166: *ein god gar wunderlik.*

370. Drosihn a. a. O. will statt *uttrede* lesen *utrede*, mit Berufung auf Jes. 53, 8: *quis enarrabit ejus generationem.* Freybe S. 219 scheint ihm beizustimmen. Doch ist unsere Stelle ja nur eine wenngleich ungenaue Uebersetzung von Jes. 9, 7; der Dichter bezog *non erit finis* fälschlich auf *imperium. uttrede,* Ausgang, bildl. Ende. Mnd. Wb. 5, 180ᵇ; Lübben-Walther s. v.

373. Fast wörtlich ebenso im hessischen Weihnachtsspiel (ed. Piderit, Parchim 1869) 716: *Wol her wol her wol her Alle teufels here Wol her wol her us der helle Sathanas mit dynen gesellen.* Vgl. ferner Erlauer Spiele IV, 26 und Kummers Anmerkung. — Ueber die in der Formel liegende Ellipse s. Grimm, Gramm. 4, 135.
383. Vgl. Alsfelder Passionsspiel 185: *Ich bin gewest in der Judden schar.*
387. *alle duvele slechte.* Vgl. Zarncke zum Narrenschiff, Commentar S. 296.
389—396. Vgl. Descensus ad inferos cap. IV, 1: *Praepara temetipsum suscipere Jesum qui se gloriatur filium dei esse, et est homo timens mortem et dicens: Tristis est anima mea usque ad mortem* [Ev. Matth. 26, 38].
403. Vgl. Descensus IV, 2: *capere te vult.*
406. Vgl. Alsfelder Passionsspiel 7122: *Wan dasz hie ein puer mentsch were.*
411 ff. Vgl. Descensus IV, 2: *lanceam exacui ad percussionem eius, fel et acetum miscui dare ei potum.*
423 f. Vgl. Bordesholmer Marienklage v. 187: *ys yd enn mynsche edder enn worm? id wyndet sik in den neghelen unde drift groten storm.* Crux fidelis (im Anhange zu Joachim Slüters Rostocker Gesangbuch ed. Wiechmann-Kadow) Str. 9: *An dem kruce se den heren, an sik drivende groten storm, hangende stum an groten sweren, missgehandelt so een worm.* Brant, Narrenschiff 85, 33: *Vnd streckt vnd krymbt sich wie ein wurm, Dann so duot man den rechten sturm.*
433. Sage mir gern, willig. Freybe frei: „Belüge mich nicht ohne Not." Ettmüller ändert: *segge mi, dat's nicht unnöde,* und erklärt: „das (zu wissen) ist nicht unnötig." Vgl. Drosihn in Ztschr. f. d. Phil. 4, 401 f.
434 f. Vgl. Descensus IV, 3: *Forsitan ipse est, qui Lazarum . . . reddidit vivum . . . Respondens Satan . . . dixit: Ipse est ille Jesus.*
435. Vgl. De düdesche Schlömer 1303: *Warlick dat ys desülve Man.*
437. *by den hemmelschen knechten,* wie die Hs. hat und wie es Froning beibehält, halte ich für sinnlos. Ettmüller setzt *helleschen knechten* und erklärt: „so gebiete ich dir bei allen Teufeln." Ich hoffe mit meiner Aenderung das Richtige getroffen zu haben; die Stelle beruht auf Descensus IV, 3: *Coniuro te per virtutes tuas et meas, ne perducas eum ad me.* Vgl. Passional 99, 87: *bi alle der alden erge din unde bi den untugenden min beswere ich dich daz du in nicht brengest da erzu.* Aehnlich Urstend Christi a. a. O. S. 373. La Passion de Notre Seigneur bei Jubinal a. a. O. II, 291. Freybe: „So bitt ich dich bei der höllischen Kraft."
440. To do dat. Die Construction ist nicht klar, die Stelle vielleicht verderbt. Ettmüller: „so lange bis"; Freybe und Froning: „bis dass".
442 ff. Descensus a. a. O.: *Nec ipsum Lazarum tenere potuimus, sed excutiens se ut aquila per omnem agilitatem et celeritatem salivit exiens a nobis.*
448. Statt des hs. *varen,* welches wohl nur versehentlich aus der vorigen Langzeile (v. 446) wiederholt ist, setze ich *raden,* nach Analogie von v. 980.
449. *myt eneme meynen kore,* einmütig. Vgl. Deutsches Wb. 5, 2785, 2, b, α und β. Freybe irrig: „mit dem ganzen Chore." Froning: „wir alle zusammen".
451 ff. Vgl. Alsfelder Passionsspiel 7077: *Sathanas, was betudet das, Dasz die selen an hasz Singen und frolich sin Alhie in der helle pin?*
458. Statt *monke* der Hs. (die Form *monk* s. auch Mecklenb. Urk.-B. 16 Nr. 9676 von 1367: *de gestlicke lude die monke und broder thu dem Dransee*) wird vielleicht *monkes* zu schreiben und mit Ettmüller (dem sich auch Froning anschliesst) zu erklären sein: „und heben einen Mönchstanz an, d. h. geberden sich toll." Freybe: „machen einen geistlichen Tanz." Ettmüller bemerkt weiter: „Den

München war bekanntlich das Tanzen verboten; wenn sie aber einmal das Verbot übertraten, so mochten sie dann auch recht ausgelassen tanzen." Dazu vgl. etwa Brant, Narrenschiff 61, 21: *Do dantzen pfaffen, mynch, vnd leyen, Die kutt muosz sich do hynden reyen.* Hans Sachs, 57. Fastnachtspiel (Neudrucke deutscher Litteraturwerke des 16. und 17. Jahrhunderts Nr. 51/52) v. 358: *Die alt Kupplerin hat die feuffel, Die redt mir so süsz zu den sachen, Sie möcht ein München tantzent machen.* Vgl. auch (worauf mich Walther aufmerksam macht) Jonckbloet, Geschiedenis der Middelnederlandsche Dichtkunst 3 p. 717: *Item uitgegeven ende betailt* (15. Febr. 1415) *heren Bartout van Assendelf, ende hij by m. l. h. b. gegeven hadde alrehande personen van vrouwen ende mannen, die alsse monnekene quamen spelen tho hove in der zale. 3 sc 4 d. gr.* Gegen Ettmüllers Erklärung wendet sich Walther im nd. Jahrb. 16, S. 46; Walther hält die Stelle für verderbt und vermutet, es sei zu lesen *morke* oder *morsken*, unter Berufung auf des Baldassar Trochus Vocabulorum rerum promptarium (Leipzig 1517): „*saltatio mauria, maurica, morntanz; saltare maurum, der moritzken tantz springen*" und des Dufflaens Etymologicum Teutonicae Linguae (ed. Antv. 1599) p. 324: „*mooriske, moorisken dans, maurica, pyrricha, chironica saltatio, vulgo morisca, gal. danse de morisque. ital. dansa delle moresche, angl. morice daunce.*" S. auch Keller, Fastnachtspiele 1 S. 121: *Morischgentanz.* So ansprechend Walthers Ausführung ist, wage ich doch nicht, danach den Text zu ändern.

464. Ich rieche, was sie braten; vgl. 1619. Drosihn in Zeitschr. f. deutsche Phil. 4, 402 vergleicht passend unsere sprichwörtliche Redensart „den Braten riechen". Ettmüller schreibt: *ik ne röke, wat se brüden*, und erklärt: „ich weiss nicht was sie machen." Damit ist der Sinn der Stelle in sein Gegenteil verkehrt.

467. Die Arche ist das charakteristische Merkmal Noahs; er wird auch hier mit einer kleinen Arche auf dem Arm gedacht werden müssen. Vgl. Jolibois, La Diablerie de Chaumont (Chaumont et Paris 1838) p. 133: *Le dernier théâtre était destiné à la représentation des Limbes. On y voyait Adam et Eve, . . Noé avec une petite arche etc.*

475. Vgl. oben 313 f.

485 f. Vgl. Descensus V, 1: *Et dixit infernus ad sua impia officia: Claudite portas crudeles aereas et vectes ferreos supponite etc.* Egerer Fronleichnamspiel 7410: *Da von last uns paldt zu schliessen.* — Weshalb Ettmüller und Freybe diese Verse einem Chorus zuteilen, begreife ich nicht.

488. Vgl. Psalm 107, 16: *Quia contrivit portas aereas, et vectes fereos confregit.*

494. Psalm 57, 9: *exurgam diluculo.*

Nach 498. *O clavis David* ist eine auf Apocal. 1, 18: *et habeo claves mortis et inferni* beruhende Antiphone. Drosihn, Programm des Gymnasiums zu Neustettin 1866 S. 26.

501. S. Descensus B IX, 1: *Ecce manus quae plasmaverunt me.* Egerer Fronleichnamspiel 7502: *Ich fich die handt, die mich beschaffen hat.* Erlauer Spiele V, 428 und Kummers Anm.

Nach 506. S. Ordo Augustensis I, 2, 9 (bei Milchsack, Die Oster- und Passionsspiele. I. Wolfenbüttel 1880. Anhang III. S. 128): *Cum rex gloriae Christus infernum debellaturus intraret, Et chorus angelicus ante faciem eius portas principum tolli praeciperet, Sanctorum populus, qui tenebatur in morte captivus, voce lachrymabili clamaverunt: Advenisti desiderabilis, quem expectabamus in tenebris, ut educeres hac nocte vinculatos de claustris. Te nostra vocabant suspiria, Te larga requirebant lamenta, Tu factus es spes desperatis, magna consolatio in tormentis.* (Ritual der Elevatio corporis Christi in nocte sancta pasce.)

513. Psalm 23, 7: *Attollite portas, principes, vestras, et elevamini portae aeternales et introibit rex gloriae.* Vgl. Kummer zu Erlauer Spiele V S. 141, c und zu v. 400. Nach 514. Psalm 23, 8: *Quis est iste rex gloriae? Dominus fortis et potens, Dominus potens in proelio.* Vgl. Kummer a. a. O. S. 141, d.

515 f. Vgl. Descensus VI, 1: *Quis ergo es tu qui sic intrepidus nostros fines ingressus es.* Kummer a. a. O. zu v. 404.

523 f. Vgl. Kummer a. a. O. zu v. 420 f.

535 f. Vgl. Wiener Osterspiel 305, 7: *Lucifer, nu zu disen stunden Mustu nu werden gebunden.* Erlauer Spiele V, 442: *Lucifer, du solt gepunden wesen.* Alsfelder Passionsspiel 7233: *Nim Luciper den hellenhunt Und bint en in der helle grunt.*

538. Vgl. Zeno 1223: *De wile got si ein here.*

541. *lenger wen vif dusent jar,* s. zu 356.

547—50. Vgl. Descensus V, 3: *Videns inferus quia duabus vicibus haec clamaverunt, quasi ignorans dicit: Quis est iste rex gloriae? Respondens David ad inferum ait: Ista verba clamoris cognosco, quoniam ego eadem per spiritum eius vaticinatus sum. Et nunc quae supra dixi dico tibi: Dominus fortis etc.* S. oben zu nach 514.

557 f. Vgl. Alsfelder Passionsspiel 7228: *Die helle wel ich zubrechen Und dar usz nemen an wane, Die minen willen hon gethan.*

Vor 559. Apocal. 1, 8: *Ego sum Alpha et Omega, principium et finis.*

562. Auch in den niederdeutschen Osterreimen (15. Jahrh.) in Germania 2, 167 sagt Jesus von sich: *Ik byn de erste unde de leste.* (Apocal. 1, 17: *ego sum primus, et novissimus.*)

563. S. zu 498.

565. Die Darstellung Christi mit einem roten Gewande beruht auf Jes. 63, 2: *Quare ergo rubrum est indumentum tuum?* (vgl. Alsfelder Passionsspiel 7138: *So sage mer, wo von ist Dir din kleit von blude roit?*) und Apocal. 19, 13: *Et vestitus erat veste aspersa sanguine.*

580. Auch diesen Vers sehen Ettmüller und Freybe als vom Chorus gesprochen an.

582. *ghesynne* = *ghesinde* (*nn* durch Assimilation aus *nd*, im mnd. Wb. nur unter *ingesinde* 2, 362ᵃ belegt) wird hier sw. m. sein.

585. Der Text der Hs. *Du scholt hier negest* (nicht *ne gest*, wie Mone hat) *mer malʒ wesen* wird in der Regel für verderbt erklärt und bietet in der That grosse Schwierigkeiten, sobald man *malʒ* mit Mone in *malen* auflöst, während doch nach dem überwiegenden Gebrauch des Schreibers ʒ = *et* ist (s. oben S. 13 Anm. 8). Walther hat im nd. Jahrb. 16 S. 46 f. die verschiedenen bisherigen Erklärungsversuche zusammengestellt; dazu kommt Froning: „Du sollst hier (d. i. in der Hölle) von jetzt ab öfters (als sonst, d. h. immer) sein (denn bis jetzt durftest du oft auf Erden wandeln und die Menschen verführen und belästigen; das hört jetzt auf)." Walther selbst schlägt vor zu lesen: *du scholt hir nu jummer moten wesen,* du sollst hier nun immer bleiben müssen. Das gibt gewiss einen vortrefflichen Sinn, nur steht es nicht in der Hs. Ich meine, dass man einen erträglichen Sinn auch mit dem erhält, was die Hs. bietet. Nach meiner Auffassung ist *mâlen*, wenigleich im Nd. ausser an unserer Stelle sonst nicht litterarisch bezeugt (doch vgl. *mâlman, mâlstat* bei Lübben-Walther), = mhd. *mahelen,* md. *mâlen,* vor Gericht laden, gerichtlich befragen, anklagen (s. Lexer 1, 2010 unter *mahelen*). Dann wäre der Sinn der Stelle: „Du sollst

demnächst noch mehr vor Gericht geladen werden, es steht dir noch ein weiteres Verfahren bevor." Vgl. auch 1910 f. 1969.

Vor 587. *Sanctorum populus* und *Advenisti* s. zu nach 506.

587 ff. Matth. 25, 34: *Venite, benedicti patris mei, possidete paratum vobis regnum a constitutione mundi.* Vgl. Leben Jesu (bei Mone, Schauspiele des MA. I) 1279 ff. Innsbrucker Auferstehung 256 ff. Wiener Osterspiel 305, 19 ff. Alsfelder Passionsspiel 7248 ff., besonders 7253: *Ich wel uch vuren in mines vatter rich, Da er nu blibet ewigliche.* Erlauer Spiele V, 420: *ich wil euch füren sicherleich zu meinem vater in das himmelreich.* Egerer Fronleichnamspiel 7554: *Kumpt, ir gebenedeiten, in meins vatters reich, Darin ir solt wonen ewigleich.*

593. Descensus VIII, 1: *Tenens autem dominus manum dexteram Adae dicit ad eum etc.*

Nach 604. *Te nostra vocabant suspiria* s. zu nach 506.

613. Vgl Egerer Fronleichnamspiel 7520: *Nun lost dü die gefangen all gar, Die da gelitten haben fünff taüsent jar.* Vgl. zu 356.

618 ff. Dass Tutevillus und Satanas den Täufer Johannes zurückhalten wollen, erinnert an den diabolus und die anima infelix in der Innsbrucker Auferstehung 259 ff. Vgl. auch Wiener Osterspiel 306, 25 ff. Alsfelder Passionsspiel 7281 ff.

625 f. Ettmüller: „Der jüngste Vogel bleibt im Neste zurück, gleichsam als Mietgeld, behauptet die Sage von den Sperlingen." Besser im mnd. Wb. 3, 178ᵇ (nnd danach bei Froning): „Der Letzte muss die Zeche bezahlen." übersetzt: „Du bist ja der letzte, der beste, du musst bleiben in dem Neste."

650. Vgl. Alsfelder Passionsspiel 4694: *Er weret wert, dasz man uch in den rauch hinge.*

651 f. Die Bedeutung dieser Redensart verstehe ich nicht.

653. Die Lesung der Hs. gilt für verderbt, nur Froning hält an ihr fest. Ettmüller setzt: *wâr is jû schên de sucht mede* und erklärt: „womit hat euch die Schwachheit befallen?" Walther im nd. Jahrb. 16 S. 47 will statt *schen* lesen *schon*, worin ich keine Verbesserung erkennen kann. Nach meiner Auffassung ist *wan* verschrieben für *wane*, die in unserm Spiel überaus häufig wiederkehrende Interjection der Verwunderung; die leichte Umstellung von *schen jw is* in *is jw schen* dürfte kaum etwas Bedenkliches haben. — Freybe übersetzt: „Was für 'ne Sucht euch doch anficht, dass ihr könnt Frieden finden nicht?" Er nimmt irrtümlich an (S. 249), Puk verspotte seinen Collegen Satan, während doch Puks ganze Zornrede an Lucifers Adresse gerichtet ist.

656. Mone löst das *elre*˚ der Hs. in *elrere* auf und setzt, da das keinen Sinn gibt, dafür *edelre* in den Text. Ettmüller schreibt: *d' edel hêre bedwinget den êgenen knecht.* Die richtige Auflösung von *elre*˚ ist vielmehr *elrene* und der Sinn des Sprichworts dieser: Der Herr, wenn auch nur von Ellernholz, bezwingt doch den Knecht, wenn auch dieser von Eichenholz ist. Vgl. Gottfr. Hagen (Chroniken der deutschen Städte XII) 2913: *men sprikt, it si unreicht of reicht, linden here verwint eichen kneicht.* Koker S. 362: *Dat* (l. *dar?*) *is nümmer so vast eken knecht, Ane vorwart* (l. *ene vorwint) eyn lyndene here.* Graff und Dietherr, Rechtssprichwörter 32 Nr. 51: *Ein hölzerner Edelmann gilt mehr als zehn stählerne Knechte.* Simrock 4599: *Ein lindener Herr überdauert einen eichenen Knecht.* Wander 2, 546 unter Herr Nr. 251: *Ein linden Herr vberwehret einen eichenen Knecht.*

657. Vgl. Wiener Osterspiel 307, 13: *Waffen heute und immer ach.*

659. Vgl. ebd. 305, 27: *Das bei tausent jar ist herkomen Das hat er alles wider genomen.*

665. Drosihn in Ztschr. f. deutsche Phil. 4, 403 will das *ju* streichen

wegen der ähnlich lautenden Stelle 906. Ohne Grund. *latet* (= *latet it*) *ju allen* heisst: lasst es euch ganz einerlei sein. Aehnlich Gottfr. Hagen 4808: *hundert dusent laissent uch allein reicht as ir were neil dan ein.* Vgl. Woeste in Ztschr. f. deutsche Phil. 8, 107. Ettmüller: *nu latet jù, mîne kumpâne, alên wî willen mêr wol bet tô sên. latet jù* erklärt er: „gebt euch zufrieden."
666. *bet to sen.* Vgl. Gespräch zwischen Leben und Tod (Mnd. Fastnachtspiele ed. Seelmann) 74: *Dar mach eyn jowelk bet to seyn.*
669. Vgl. Alsfelder Passionsspiel 7231: *Wo bistu nu, Michael ein engel clar?* — Michael erscheint auch sonst als Geleiter der Seelen ins Paradies, z. B. im Spiel von Frau Jutten. Vgl. *Dat let Maria tzart* (nd. Jahrb. 16 S. 67 f.) Str. 9: *Schick myner seel Sunt Michael Dat he se voer behende Int hemmelryck* (vgl. nd. Jahrb. 14, 68; 15, 9).
671. Ettmüller ändert unnötigerweise *al sô wat sô der is*. Denn *wes* sowohl als *des*, obgleich Genetivformen, stehen im Niederdeutschen oft in nominativischer oder accusativischer Function. Vgl. unten 737. 799. S. auch mnd. Wb. 1, 509[b] und 5, 694.
673. *warende* steht hier für *wardende*. Beide Verba mischen sich häufig im Niederdeutschen. S. mnd. Wb. 5, 600. 603. Vgl. *Dat nye schip van Narragonien* (Rostock 1519) 92[b]: *Eyn narre deme anderen denne witlik deyt Wo he moete waren rp bescheyt.*
679—82. Ettmüller, dem Freybe sich anschliesst, hat diese Verse als einen „unbeholfenen Zusatz" gestrichen.

Nach 682. *Magna consolatio* s. zu nach 506.

683 ff. Vgl. Descensus IX: *Et occurrerunt eis obviam duo viri vetusti dierum. Interrogati autem a sanctis: Qui estis vos qui nobiscum in inferis mortui nondum fuistis etc.* Auch hier wie oben 313 ff. tritt in unserem Stück Simeon als Wortführer an die Stelle der *sancti* der Vorlage.

687. Vgl. Descensus a. a. O.: *Ego sum Enoch.* — Enoch (1. Mos. 5, 21—24) und Elias (2. Kön. 2, 11) sind die einzigen Menschen, welche den Tod nicht gesehen haben, sondern von Gott unmittelbar in den Himmel (nach späterer Vorstellung in das Paradies oder den siebenten Himmel) aufgenommen wurden. Elias soll nach Maleachi 4, 5 *(Ecce ego mittam vobis Eliam prophetam, antequam veniat dies Domini magnus et horribilis)* vor dem jüngsten Gericht wiederkommen. Von Enoch ist dies in der Schrift nicht bezeugt, doch sah man schon früh (der Descensus ad inferos ist nach Tischendorf a. a. O. S. LXVIII im 2. Jahrh. entstanden) und bald allgemein bei den Kirchenlehrern in Elias und Enoch die *duo testes* der Apokalypse (11, 3 ff.), die am Ende der Tage mit der *bestia quae ascendit de abysso* kämpfen und von ihr getötet werden sollen. Vgl. Wetzer und Welte, Kirchenlexikon ² 5 Sp. 1769 f. unter Henoch. Schilderungen des weltentrückten paradiesischen Aufenthalts der Beiden finden sich mehrfach in der mittelalterlichen Litteratur; s. Brandan (in meiner Ausgabe; Erlangen 1871) md. Text 515 ff., nd. Text 429 ff., Volksbuch S. 169 f. Heinrich von Neustadt, Apollonius (ed. Strobl; Wien 1875) 14941 ff. Offenbarungen der Schwester Mechthild von Magdeburg (ed. Morel; Regensburg 1869) S. 270 f. Nonne von Engelthal (in meiner Ausgabe; Tübingen 1871) S. 33, 8 ff. Eine kurze Erwähnung auch bei David von Augsburg (Pfeiffer, Deutsche Mystiker I.) S. 266, 28. Als Kämpfer gegen den Antichrist treten Enoch und Elias auf in dem Tegernseer Drama vom römischen Kaisertum deutscher Nation und vom Antichristen ed. v. Zezschwitz 521 ff.; eine Schilderung dieses Kampfes bei Heinrich von Neustadt, Von gotes zuokunft (ed. Strobl) S. 160 f.

690. *aver sitten* (mhd. *übersitzen*) hier nicht = versitzen, versäumen (s. mnd. Wb. 3, 276[b]), sondern: über die Zeit hinaus sitzen, ausdauern. Ettmüller

streicht *sitten unde.* — *werden* steht hier m. E. für *warden.* Ich weiss aber kein weiteres Zeugnis für die Vertauschung der Worte beizubringen.

695. *beriden* in erweiterter Bedeutung = hüten, bewahren, verwalten. Vgl. Dietz, Wb. zu Dr. Martin Luthers deutschen Schriften 1, 258 unter *bereiten.*

717. Vgl. Descensus X: *Et cum loquerentur sanctis Enoch et Elias, ecce supervenit alius vir miserrimus, portans humeris suis signum crucis. Quem videntes omnes sancti dixerunt ad eum: Quis es tu?* In unserem Texte führt nun an Stelle der *omnes sancti* der Vorlage David das Wort.

736. Dieser Vers wird nach Ettmüllers Vorgang einem in der Hs. nicht angedeuteten „Chor der Seelen" (Freybe) in den Mund zu legen sein. Vgl. Descensus X: *Haec omnia verba latronis audientes, omnes sancti patriarchae et prophetae una voce dixerunt etc.* Doch könnte immerhin auch hier David der Redende sein, da unser Dichter das, was in der Vorlage eine Gesamtheit spricht, gern einem Einzelnen zuweist. Vgl. oben zu 313. 683. 717. Der im Descensus folgende Lobgesang fehlt in unserem Stücke wie auch im Passional; an seine Stelle tritt die Rede des Engels, in der ich keine Anklänge an den Descensus finde.

737. Ueber *des* s. zu 671.

756. *der morghensterne slach* ist eine sehr kühne Redewendung. Freybe: „Der Morgenstern ist in dichterischer Weise als ein Aar gedacht," dessen Flügelschläge man also vernehmen kann. Ettmüller: „Der Morgenstern schlägt oder bricht durch die Wolken, daher dieser schöne Ausdruck." Ich neige mehr zu der vom mnd. Wb. 4, 220[b] angedeuteten Erklärung: ich vernehme den Glockenschlag, der mir sagt, dass bald die Morgensterne aufgehen werden.

759. *dat = weret dat.* Vgl. 94.

766. Vgl. Kummer zu Erlauer Spiele V, 456. Doch ist in unserem Stücke eine andere, insofern die Klage dem Wächter, nicht einem der erwachenden Grabhüter in den Mund gelegt wird. — Das hs. *wafen* ändere ich in die mehrfach bezeugte (s. mnd. Wb. 5, 597[a]) nd. Form *wapen.*

768. Ettmüller: „Die Sonne mag euch in das Segel scheinen; ein seefahrendem Volke angemessener Ausdruck." Vielmehr: Die Sonne mag euch in den Hintern (s. Lübben-Walther s. v. *sagel*) scheinen. Vgl. nd. Jahrb. 15, 54 Nr. 8: *Laot di de Sinn inne Noarsch schine.*

769. *papenen* c. dat., einem zu essen geben, ihn füttern. Die Form ist sonst nicht belegt. Gewöhnlicher ist das trans. *pappen,* wobei nicht gerade an *pappe,* Mehlbrei gedacht zu werden braucht. Vgl. Deutsches Wb. 7, 1446 pappen 1.

773. Ueber das sprichwörtliche *to lange geslapen* s. Walther im Korrespondenzblatt des Vereins f. nd. Sprachforschung 5, 75 ff. 6, 6 f.

776. Vgl. Von dem übelen Weibe 1 und Haupts Anm.

777. Ettmüller: *dô ik des wachtendes begunde.* Ebenso gut könnte man *slapes* oder *slapendes* ergänzen. Doch liegt keine unbedingte Nötigung zu einer solchen Einschiebung vor. Der Sinn ist: Es war eine verfluchte Stunde, als ich mich auf die Geschichte einliess.

785. Vgl. Des dodes danz 886. 1360: *Ik kan wer sitten efte gan.*

794. Sprichwörtliche Redensart. Es bleibt fraglich, ob hier (wie auch 792) *wis* (gewiss) oder *wîs* (weise) zu verstehen ist. Ettmüller (und nach ihm Froning) entscheidet sich für das erstere und erklärt: zu gewiss, zu sicher sein. Ich möchte lieber mit Freybe annehmen, dass unser Sprichwort zurückgeht auf Ecclesiastes 7, 17: *noli esse justus multum, neque plus sapiens quam necesse est.* In diesem Falle würde *nenes dynghes* am besten als adverbiale Verbindung gefasst: in keiner Weise, niemals. Verwandte Sprichwörter bei Wander 5, 125 ff.

799. Der Sinn wird sein: Lasst euch einerlei sein, was ihr zu hören bekommt. — Ueber *wes* s. zu 671.

800. *allene,* conj., obgleich, wenn auch, mit Inversion des Subjects. Sehr häufig in Meister Stephans Schachbuch (s. Schlüters Glossar). Unrichtig erklärt Froning: „wir allein sind schuld."

806—885. Nach Wirth S. 273 soll diese Scene nach Urstende S. 113 ff. gearbeitet sein, doch finde ich nur verlorene Anklänge, die sich bei zwei denselben Gegenstand behandelnden Dichtern leicht von selbst ergeben und nicht genügen, ein Abhängigkeitsverhältnis des einen vom andern zu construieren. Wirth vergleicht z. B. 816 f.: *Er id begunde to daghen Worde wy to der erden slaghen* mit Urst. 113, 77 f.: *unt wir fur tot gelagen. unser dehainer getorst gefragen den andern waz daz waere*; ferner 838 f.: *Wo scholde en [mynsche] van dode upstan Edder van deme grave gan* mit Urst. 114, 31 f.: *Ez ist ungelouplich, der warheit niender gelich Daz immer mensch erste,* und hält für besonders beweisend die Verse 852 ff., wo die Ritter die Frauen als Zeugen aufführen (Urst. 114, 5 ff.: *Diu wortzeichen sint ouch hie: ez chom dehein mensch nie wan armiu wip, diu suochin in vor dem tag. du was er hin, sie funden niwan sin gewant).*

806. *gnade* kann hier sehr wohl „grüssende Anrede Niederer gegen Höhere" (Ettmüller) sein, aber auch, bei dem Schuldbewusstsein der Ritter, die Bedeutung haben: „es geschehe Gnade!" oder „ich bitte um Gnade!" Vgl. Grimm, Grammatik 4, 135.

821. Das mnd. Wb. verzeichnet die Form *dinne* nicht. Ist *dinne = dâ inne* (Ettmüller), oder ist es verschrieben für *hinne?* Vgl. 581.

827. Man sollte euch Feuer unter das Nest machen, euch verbrennen. (Ettmüller.)

834. Vgl. 858 f. S. auch Marienklage (bei Hoffmann von Fallersleben, Fundgruben II.) 275, 9: *Er ist uferstanden Und ist zuo Galilea gegangen.* Wiener Osterspiel 324, 5: *Dasz er ist erstanden und gein Galilea gegangen.* Marienklage ed. Schönemann 93: *He is up gestân Unde is to Galilea gân* (vgl. ebd. 99). Erlauer Spiele III, 1039: *Der sprach, er wer erstanden und wer ze Galileam gegangen.* Egerer Fronleichnamspiel 7943: *Das Jesus waer erstanden Und gen Gallilea gegangen* (vgl. ebd. 8159).

836. *Hore umme dessen affen.* Das *umme* in solcher Function finde ich im mnd. Wb. nicht verzeichnet. Vgl. Dat nye schip van Narragonien 153[b]: *Men sprikt: schaw umme den slurapen!* 156[b]: *So sprikt men: see umme dessen klüser!* ebd.: *Schauwe vmme den narren vnde den goek!* Ebenso Alsfelder Passionssp. 1865: *Nu hore umb die alde thoren.* — Vgl. Wiener Osterspiel 310, 11: *Sweiget, gummen, ir affen Und lat euer klaffen.*

845. *kelpe* ist nicht mit Sicherheit zu deuten. Das mnd. Wb. 2, 441[b] erklärt *kelp* mit Vorbehalt als „grober, ungeschlachter Gesell". Ettmüller ändert *kelpe* in *welpe* und übersetzt die Stelle: „ihr rechten Hunde." Irrig Freybe: „rechte Kälber seid ihr ja."

847. Ironisch: Ihr mögt wohl für Ritter gehn, gelten! (Ettmüller.) Ihr seid mir die richtigen Ritter! (Froning.)

855. *de vrouwen* sind Maria Magdalena, Maria Jacobi und Salome, die am Tage nach dem Sabbath früh zum Grabe giengen und die Botschaft des Engels von Christi Auferstehung vernahmen. Marc. 16, 1—8.

875. Nur wenn Pilatus es sollte wissen wollen, so u. s. w. *wen* = ausser, nur; *dat* fasse ich mit Drosihn in Zeitschr. f. deutsche Phil. 4, 403 als Bedingungspartikel, entstanden aus der Ellipse *were it dat.* Anders Woeste ebd. 8, 107, der *dat* für *dat wat* nimmt und übersetzt: „ausser dem was Pilatus

denn könnte wissen wollen." Ettmüller fügt zwischen *denne* und *weten* ein *it* ein; indessen steht *dat* schon für *dat it*.

890 f. Vgl. Wiener Osterspiel 317, 22: *Der kaufmann ruft dem knechte: Rubein, Rubein, Rubein! Rubinus komt gelaufen: Was welt ir, herre meister mein?*

897. *de breve*, der Plur. für den Sing., wie auch 1430. 1512. 1616 (doch s. unten 905). Vgl. Amelung zu Ortnit 499, 1. — *breve lesen* ist sprichwörtliche Wendung: mitteilen, berichten, auch Bericht entgegennehmen, hören. Vgl. Reineke de vos 4363: *so etlyke hir in myneme afwesen Ere valschen breve over my lesen;* Parz. 85, 23: *des lise ich hie den wâren brief;* Trist. 14158: *einen niuwen brief si'r aber dô las.* Den Nebensinn: „ich will ihnen den Text lesen", wie Ettmüller will, kann die Wendung hier nicht haben; einmal hat der servus dazu keinen Auftrag, und sodann kann er nicht im voraus wissen, ob sich die grabhütenden Ritter einer Pflichtvergessenheit schuldig gemacht haben.

905. Ich fürchte, wir werden dort Uebeles vernehmen, es wird uns schlecht ergehen. Vgl. zu 897.

906. *latet allen* s. zu 665.

908. *gnade* s. zu 806.

949. *vingerbat* scheint mir noch nicht befriedigend erklärt zu sein. Ettmüller (dem Freybe folgt) sagt: „*fingerbad* muss eine besondere Art der Bestrafung oder der Folterung geheissen haben: schlug man auf die Finger oder band man sie zusammen, bis Blut daraus floss und sie badete?" Das deutsche Wb. 3, 1656 fasst unsere Stelle als Spottrede auf: „man sollte euch ein Handwasser geben" (?). Auch das mnd. Wb. 1, 255^b fasst die Worte ironisch: „man sollte euch die Daumschrauben anlegen, euch foltern."

950. Ettmüller ändert: *dat gî slêpen an deme grave* und gibt diesen Vers als Zusatz zum vorhergehenden. Ebenso Freybe.

951. Was *mit kenappe laven* bedeutet, weiss ich nicht. Auch das mnd. Wb. 2, 444^b hat für unsere Stelle keine Erklärung. Der Vers ist unzweifelhaft verderbt. Ettmüller: „mit Haufe laben, d. h. mit Stricken geisseln." Freybe: „man sollte euch mit Stricken strafen." Froning erklärt 950. 951: „Man sollte euch mit Geisselhieben öffentlich zum Grabe treiben, dem Schauplatze eurer groben Pflichtvergessenheit." Alle diese Erklärungsversuche beruhen auf der auch von Nerger § 117 vertretenen Annahme, dass *kenap* = *hennip* 'cannabis' sei. Ich halte das für unmöglich, da das über alle germanischen Sprachen verbreitete Wort der Lautverschiebung unterworfen ward und daher überall gleichmässig im Anlaut *h* zeigt. S. deutsches Wb. 4, 2, 431.

952. Vgl. Wiener Osterspiel 312, 23: *Moab, ein ritter wolgemeit.*

960. Vgl. Alsfelder Passionsspiel 7355: *Ir sijt behende, do man sal fliehen.* Erlauer Spiele V, 207: *Das man die reint vliehen sol, das chünt ier auz der maszen wol.* Wander 2, 486 Nr. 27: *Er ist ein Held wenns zu laufen gilt.*

961. *latet ju den dumen ten,* lasst euch den Daumen ziehn, spöttisch gesagt. Vgl. Parz. 599, 8: *lât iu den vinger ziehen,* wozu Grimm im deutschen Wb. 2, 1655 bemerkt: „den im Kampf versehrten, verrenkten streichen und zurecht ziehen?"

980. Die Hs. hat *Radet* (das *R* durch einen roten Strich etwas verdeckt), wie schon Koppmann richtig vermutete (s. nd. Jahrb. 16 S. 47). Somit werden die auf Mones falscher Lesung *Ladet* fussenden Erklärungsversuche von Ettmüller, Drosihn (Ztschr. f. deutsche Phil. 4, 404) und Woeste (ebd. 8, 107) hinfällig.

1018. Die Form *nach* statt *na* (s. mnd Wb. 3, 145^a) ist nicht ganz selten in nd. Urkunden. S. Mecklenb. Urkundenbuch XVI Nr. 9437 S. 5: *he en dot et nach vnseme . . rade;* Nr. 9532 S. 88: *des dunresdaghes nach vnser vrouwen daghe;* Nr. 9549 S. 104: *nach gades bort;* Nr. 9562 S. 125: *nach deme worde Jesu Cristi;* ebd. S. 126: *nach godes bort etc.* (sämtliche Belege von 1366).

1024. *se moghen dat hir unde dar wynden,* sie mögen die Sache drehen und wenden wie sie wollen.

1033. Der Sinn ist: sie müssen alle dafür büssen! Ettmüller übersetzt unrichtig: „sie sollen alle daran riechen" und hält das dann freilich mit Recht für „einen niedrigen, gemeinen Ausdruck".

1037. Matth. 27, 24: *Innocens ego sum a sanguine justi hujus.*

1038 ff. ib. 27, 25: *Et respondens universus populus dixit: Sanguis ejus super nos, et super filios nostros.*

1040. d. h. das achten wir gering, das ist uns gleichgiltig.

1041. Vgl. Egerer Fronleichnamspiel 7773: *Sein blut ge über euch und eure kindt.*

1061 ff. Vgl. Alsfelder Passionsspiel 6313 ff.: *unser schar Die mer men dan in V tusent jare Zu hauff hatten bracht.* Wiener Osterspiel 305, 27 f.: *Das bei tausent jar ist herkomen Das hat er alles wider genomen.*

1087. Vgl. ebd. 306, 11 f.: *Das du und ich snelle Dir die helle wider vülle.*

1117. Ob es dir auch alles recht, zu Dank ist. Irrig Freybe: „wer ist denn am meisten zu Danke hier?"

1119. *So mute di de bodel slan.* Vgl. unten 1669. 1847. Dat nye schip van Narragonien 132ᵃ: *De synen olderen ouerlast deyt, Int leste den gerne de böddel sleyt.*

1121. Freybe: „Lucifer will kein Wende sein, weil die Wenden unter den Deutschen von gewissen ehrlichen Gewerben ausgeschlossen waren; er will Recht auf alle Stände und Gewerbe haben" (vgl. Freybes weitere Ausführungen S. 303 ff.). Diese Erklärung ist schwerlich richtig. Besser Ettmüller: „ob (dass) ich wendisch sei, nicht deutsch verstehe? Zwischen den wendischen und deutschen Städten an der Ostsee und tiefer im Lande gab es immer kleine Neckereien, wenn auch die Wenden längst schon deutsch sprachen und Deutsche geworden waren. Daher ist Lucifer in diesem Spiele kein Wende, sondern er redet und versteht deutsch." Indessen glaube ich, dass bei dem zornigen Ausruf Lucifers: „Glaubst du, dass ich wendisch sei?" nicht sowohl an wendische Sprache zu denken ist, die in der zweiten Hälfte des 15. Jahrhunderts in Mecklenburg schwerlich noch irgendwo gesprochen oder verstanden wurde, sondern vielmehr an die sociale Missachtung, unter der die Wenden zu leiden hatten („ein verachtetes und gehässiges Volk" nennt sie Stieber in seiner Mecklenburgischen Kirchen-Historie. Güstrow 1714. S. 304) und die ihren Ausdruck in zahlreichen Gewaltthätigkeiten und Rechtsbeschränkungen fand. Im 12. und 13. Jahrhundert wurden in Mecklenburg aus vielen Ortschaften die Wenden mit Gewalt ausgetrieben (das letzte urkundliche Zeugnis ist von 1285, s. Mecklenb. Urk.-B. 3 Nr. 1805 S. 188); in den Städten standen sie unter einem besonderen Wendenvogt (advocatus Sclavorum) und mussten in einer eigenen Strasse (Wendenstrasse oder Wendengrube) beisammen wohnen, wie sie auch auf den Dörfern getrennt von den Deutschen auf dem sog. Wendfeld sassen. Die Ausübung einzelner Handwerke war ihnen zwar gestattet (z. B. kommen sie als Garschlächter, sog. Wendschlächter, 1325 in Rostock vor), aber zünftige Meister durften sie nicht werden, ja die meisten Zünfte wachten streng darüber, dass kein Wende sich in sie einschleiche, jeder Lehrling musste durch seinen Taufschein nachweisen, dass er nicht von slavischen Eltern abstamme, wie das z. B. noch in der 1463 errichteten Zunftrolle des Wollenweberamtes zu Röbel ausgesprochen ist (s. Boll, Geschichte Mecklenburgs I S. 93). S. im Allgemeinen über diese Verhältnisse das Mecklenb. Urk.-B. Bd. 4 und 12 (Wort-

und Sachregister unter Wenden etc.). Wie lange Wenden in Mecklenburg nachzuweisen sind, weiss ich nicht; schon Stieber a. a. O. S. 306 sagt aber: „Mit der Zeit verlohr sich gantz und gar das Wendische Volck aus Mecklenburg, dass auch nicht einmahl Spuren von ihnen überblieben." — Eine besondere Bedeutung könnte das „lovestu, wer ik wendlesch si?" im Munde unsers Dichters haben, wenn, wie in der Einleitung S. 10 darzuthun versucht worden ist, er einer der aus Niedersachsen nach Doberan gekommenen Mönche (Saxones) war; zwischen diesen und den eingeborenen Mönchen (monachi de Slavia) bestand alte Feindschaft, die vielleicht auch der Dichter des Redentiner Spiels hegte und der er durch den Mund Lucifers Ausdruck gab, wenn er sich ingrimmig dagegen verwahrte, für einen Wenden angesehen, als ein Wende behandelt zu werden.

1122 ff. Vgl. das Verzeichnis einzufangender Seelen in der Innsbrucker Auferstehung 297—357.

1126. *kukenbecker* ist natürlich der Kuchenbäcker, nicht, wie Ettmüller meint, der „Guck in den Becher" (!), worunter er gleichfalls den Taschenspieler, Gaukler verstehen will.

1127. Der *hundetrecker* ist der caniductor, der bei den Jagden der Fürsten und Herren die Jagdhunde zu führen hatte (Drosihn in Zeitschr. f. deutsche Phil. 4, 404 und danach mnd. Wb. 2, 333[b]), nicht, wie Ettmüller meint, der Hundeführer, der Schinder. Schöne, Deutsche Altertümer im Mecklenburger Osterspiel (Rostocker Inauguraldissertation. Ludwigslust 1886) S. 20 vermutet, schwerlich mit Recht, dass hier ein bergmännischer Kunstausdruck vorliege: „Hund ist eine Art Karren, Hundetrecker derjenige, der den Karren fortbewegt." Auch in *sleper* (s. unten 1131) will Schöne einen bergmännischen terminus technicus sehen (Schlepper ein Bergarbeiter, der die mit Erz angefüllten Karren hinter sich herzieht), ebenso in *waghendryver* (v. 1137). — Zu *hundetrecker* liesse sich vielleicht vergleichen das heute noch in Mecklenburg gebräuchliche, allerdings nur noch als Schimpfname vorkommende Wort *swintrecker*.

1129. *kumulensulter*, einer der Rindsmäuler einsalzt. Ochsenmaulsalat ist noch heute in Bayern eine beliebte Speise. Etwas Aehnliches ist der „knorpliche Ochsengaum" bei Voss, Idyll. 13, 181.

1130. Die von Ettmüller a. der Stelle und von Drosihn a. a. O. auf Grund des brem. Wb. 3, 373 beigebrachten Erklärungen von *puler* werden berichtigt durch das mnd. Wb. 3, 385. *puler* 'Stümper'.

1131. Drosihn a. a. O. fasst nach brem. Wb. 4, 823 den *sleper* als *slependriver* d. h. einen Fuhrmann, der auf einer Schleife, einer Art Schlitten (*slepe*), den Kaufleuten die Waaren zuführt. Ihm stimmt Walther im nd. Jahrb. 16 S. 48 bei, während Woeste in Zeitschr. f. deutsche Phil. 8, 107 das Wort als *slēper*, Schläfer nimmt. — *ruler* deuten Woeste a. a. O. und Walther a. a. O. als Faulenzer, Freybe als Schmutzfink („wer unsauber"); mit Drosihn a. a. O. *vuler* in *buler* zu ändern, liegt gar kein Grund vor.

1140. *haveman* ist „der grosse Besitzer, im Mittelalter also der Herr ritterliches oder diesem gleichgeachtetes Geschlechts." S. Krause in Germania 16, 97.

1146. *tuketaken* ist ein im Ablautspiel gebildetes Wort, wie *viserase* in Theophilus 1, 248. Tunnicius Nr. 97; *plippenplappen* Alsfelder Passionsspiel 4911; *piter pater* mnd. Wb. 3, 309[a]; *libbe labbe* Lilieneron, histor. Volkslieder Nr. 166, 228; *rippel rappel* Frommanns Zeitschr. 6, 188; *gippengappen, hippenhappen* Neidhart XLV, 27. 28; *lip lep* Brant, Narrenschiff 64, 21; *rips raps, risch rasch* deutsches Wb. 8, 1038 f. 1040 u. v. a. Ettmüller übersetzt: Flausen, Weitläuftigkeiten. Das mnd. Wb. 4, 629[a] deutet das anderweitig nicht belegte Wort zweifelnd als „hin- und herziehen, zaudern, zögern", was einen guten Sinn gibt; vgl. dazu den Namen der Schnecke *tike-take* oder *tuk-tak* bei ten Doornkaat Koolman 3, 419: „Wohl vom Ein- und Ausziehen der Hörner, bez. davon benannt, dass sie dieselben bald vorstösst und vorsteckt und bald wieder einzieht." Wohl dasselbe Wort ist das westfäl. *tigge-laggen* bei Woeste Wb. 271, welches aber „zanken" bedeutet. Vgl. auch Dähnert 486 b, brem. Wb. 5, 67 und danach deutsches Wb. 11, 480.

1153. Das handschriftliche *herensen* in *horensone* zu ändern, wie Ettmüller thut (auch das mnd. Wb. 2, 301 verzeichnet unsere Stelle unter *horensone*), liegt kein Grund vor; *herensen* ist eben eine der zahlreichen Entstellungen, die das Wort *horensone* erfahren hat (s. mnd. Wb. 2, 249 unter *hergen-, herjensone*). Vgl. Höfer in Germania 15, 79. — Der Sinn des Verses ist: Ein Hurensohn (Schurke), wer zuletzt kommt!

1154. Vgl. Sündenfall 602: *Osten, suden, westen, norden*.

1161. *vorropen* ist im mnd. Wb. 5, 425[b] nur in der Bedeutung „zerraufen" belegt, die hier nicht passt. Der Sinn verlangt ein sonst nicht weiter nachgewiesenes *vorropen* 'verrufen, zerrufen, zu Schanden rufen'. Freybe: „Ich möchte meine kranke Kehle abschreiu!" Auch Frouing zieht die Redensart „sich den Hals abschreien" heran.

1171. Traun, ich hätte dich nie im Verdacht gehabt, ich hätte nie von dir erwartet u. s. w. — *bewanen* steht hier wie unten 1568 für *bewanende*. Vgl. zu 84.

1184. *en older man*, ein alter Mann, nicht, wie Ettmüller meint, *ên olderman*, ein Gemeindevorsteher.

1197. *sineme dinge recht don*, richtig handeln, seine Schuldigkeit thun. Vgl. Alsfelder Passionsspiel 229: *Sich, dim dinge thustu sere recht;* 1057: *Allen dinen dingen thustu recht*. Dat nye schip van Narragonien 18[a]: *Wil myn soen synen dingen doen recht;* 93[b]: *Alle bedeler doen erem dinge nicht recht*. Liliencron, histor. Volksl. 3 Nr. 324 Str. 2: *he dede sinen dingen recht;* Nr. 328 Str. 24: *se hebben oren dingen recht gedan*.

1217. *noch myt leve noch myt pranghe*, weder in Güte noch mit Gewalt. Frouing verwechselt in seiner Erklärung *prank* mit *prange* 'Pfahl, Stange'.

1222 f. *al ghemeyne Beyde grot unde kleyne* ist eine überaus häufig vorkommende stehende Formel. S. auch unten 1986 und Wirth S. 165.

1231. *vorghen*, part. praet., des Reimes wegen für *vorgan*, gewiss nicht zusammengezogen aus *vorgeven*, wie Ettmüller meint.

1234. *êre bewaren* hat an sich nichts bedenkliches, doch würde *ere êre bewaren*, wie Ettmüller schreibt, sich besser machen. Der Ausfall eines zweiten gleichlautenden Wortes ist bei einem Abschreiber leicht erklärlich.

1239. Die Lesung der Hs. *Dat se mede* halte ich für verderbt. Wer an *mede* festhält, muss m. E. mit Ettmüller *Dat* in *Dar* ändern. Ich ziehe vor statt *mede* zu setzen *mi de*.

1259. *an de richte unde an de krumme*, vgl. Meister Stephans Schachbuch 5443. 5735: *In de richte unde in de krumme*. Dieselbe Bedeutung hat die Formel *In de wide unde in de krumme* ebd. 296. *Die wide und auch die krumme* Alsfelder Passionsspiel 324. Hessisches Weihnachtsspiel 782.

1269. Vgl. Brandan 710: *die wile dúchte in eines járes lanc*. Oswalt 1296: *im was diu naht eins járes lanc*.

1297. Vgl. Innsbrucker Auferstehung, wo Lucifer den Satan *keyn Pullen* (292) und *keyn Anian* (299: l. *Auian* d. i. Avignon) sendet.

1330. Nach Mone 2 S. 81 zu unserer Stelle sollen wir annehmen, dass die Teufel hier einen, in der Spielordnung nicht angedeuteten Tanz aufführen, ähnlich wie es im Alsfelder Passionsspiel S. 4 heisst: *Et tunc omnes diaboli circueunt dolcum corisando et cantando etc.* Vgl. Kummer zu Erlaner Spiele IV S. 99 Anm. a. Mir ist wahrscheinlicher, dass *rey* hier wie auch sonst einfach im Sinne von Zug aufzufassen ist; vgl. Liliencron, histor. Volkslieder 1, 537[a], 32: *der*

gfangen was ein langer rei, die waren hart verwundet. Dat nye schip van Narragonien 87ᵃ: *ghaen so hen yn der narren rey.* S. deutsches Wb. 8, 646.
1331 f. *en braden eyg . . wat van deme schinken.* Ich vermute, dass Ei und Schinken hier mit besonderer Beziehung auf das Osterfest gedacht sind, dass also auch Astrot für die Teufel die Osterspeisen verlangt, wie oben 903 die Grabhüter ihren Anteil am Osterlamm des Pilatus bekommen sollen. Eier und Schinken gehören zu den am Osterfest geweihten Speisen. Vgl. Koker S. 371: *Wen de papen de schynken wyet, Wo na syndt denne de paszken?*
1353. Die Hs. hat unterlassen am Rande zu bemerken, dass nun Lucifer das Wort ergreift, deshalb teilen Ettmüller und Freybe diesen Vers noch dem Noytor zu. Gewiss mit Unrecht. In dem ganzen Gerichtsverfahren vor Lucifer ist eine einheitliche Anordnung unverkennbar: der betreffende Teufel präsentiert die Seele, die er gegriffen hat, und bekommt von Lucifer ein Wort des Dankes oder der Verheissung, ehe dieser sich zur Seele wendet. So ist *dat ey, dar de henne myt deme pelse af lep* die Belohnung für Noytor. Der Vers ist ungebührlich lang, deshalb lässt Ettmüller, der sich durch den nach seiner Ansicht „hier und da auffallend zerrütteten Versbau" des Stückes „zu einem kühneren Verfahren bei der Herstellung" des Textes berechtigt glaubte (S. 2, Fussnote zu V. 30), die Worte *myt deme pelse* weg (ihm folgend auch Freybe); in der That gibt ja *dat ey dar de henne af lep* einen guten Sinn: „ein faules Ei." *myt deme pelse* weiss ich nicht zu erklären; Walther im nd. Jahrb. 16 S. 48 bemerkt: *„Myt deme pelse* stempelt die Henne zur Laus, das Ei wäre die Nisse."
1360 ff. Vgl. Innsbrucker Auferstehung 267 ff. Erlauer Spiele IV, 194 ff. Pfarrkircher Passion (bei Wackernell a. a. O.) S. 100. Bruder Berthold ed. Pfeiffer 1, 16, 9 ff.: *Sô ist der ein trügener an sinem koufe, . . . der verkouft luft für brôt unde machet ez mit gerwen, daz ez innen hol wirt: sô er wænet, er habe ein broseme drinne, sô ist ez hol und ist ein læriu rinde.*
1370. Es liegt nahe, in diesem Verse zu ändern: entweder mit Drosihn in Zeitschr. f. deutsche Phil. 4, 405 statt *konde* zu schreiben *bok*, oder, wie ich in der Germania 14, 196 vorgeschlagen habe, vor *kuken* ein *maken* (so Froning) oder *backen* einzuschieben. Indessen hat Woeste in Zeitschr. f. d. Phil. 8, 108 ein Verbum *kuken* oder *köken* = Kuchen backen nachgewiesen.
1373. Mone hat: *alzo konde ik de lude sorden.* Das in der Hs. undeutlich geschriebene Wort muss natürlich *serden* gelesen werden, wie auch Ettmüller schreibt und wie es Drosihn und Woeste a. a. O. fordern. Das im mnd. Wb. fehlende (unsere Stelle ist 4, 294ᵇ zweifelnd unter *soren* aufgeführt), aber in Lübben-Walthers Handwörterbuch verzeichnete st. v. *serden*, betrügen, schänden ist ausser an unserer Stelle auch belegt in Niederd. Vogelsprache (Nd. Jahrb. 14 S. 132) Nr. 42: *De duve gheyt schyten umme den thrent Unde de pape umme sy[n] serdent;* Deif van Brugge (in Zeitschr. f. deutsches Alterth. Bd. 5) v. 566: *synt se nu monnyke worden, so heft se yo de duvel sorden.* Ferner Theoph. 1, 83: *Dat se uns it aller genaden serden;* 443: *Wy wolden dei kristen unmaten serden,* wo Hoffmann unnützerweise gegen die Hs. *sêrn* (: *wern*) schreibt. Die gleiche Bedeutung hat *beserden* 453: *Und ef du wêrs ein jode worden, So wêrstu wollyke to male besorden* (Hoffmann *wörn : besörn).*
1374. Vgl. Haupts Osterspiel (in Wagners Archiv f. d. Gesch. deutscher Spr. u. Dichtung Bd. 1) 213: *vnt solt ich leben als e.*
1379. *stare* ist nicht die Badstube, wie Ettmüller, Freybe und Froning erklären, sondern die neben oder über dem Ofen befindliche Backstube. S. Walther im nd. Jahrb. 16 S. 48.
1389. *hebbe stank,* vgl. unten 1429. Friedberger Dirigierrolle (Zeitschr. f. deutsches Alterthum Bd. 7) S. 548: *Fedderwisch des saltu habin stang.* Meister Stephans Schachbuch 3568: *Alsulk en ghirege schal hebben stanck.*

1396 ff. Vgl. Innsbrucker Auferstehung 366 ff. Erlauer Spiele IV, 192 ff. Pfarrkircher Passion a. a. O. Bruder Berthold 1, 17, 10 ff.: *Dü schuohewürke, dü brennest die solen und ouch die flecken, unde sprichest: 'seht, wie dicke!' sö sie herte sint; sö er sie danne tragen wirt, sö gêt er küme eine wochen dar üffe.*
1411. Ettmüller schreibt: *ik tö mi schöwerk nicht ne kore.* Diese Aenderung ist ebenso überflüssig wie die von Drosihn a. a. O. empfohlene und von Froning acceptierte Einschiebung von *my* nach *schowerke*. Wörtlich übersetzt heisst die Stelle: „Traun! das Schustergewerbe würde ich nicht wählen!" S. Walther a. a. O.
1414. *de lobodden* (statt *loboddem* der Hs.) ist die Gerberkufe. S. Walther a. a. O.
1430. *Hebbe ik de breve rechte lesen,* habe ich recht gehört. Ebenso 1512 und ähnlich 1616. S. zu 897.
1434 ff. Vgl. Innsbrucker Auferstehung 392 ff. Erlauer Spiele IV, 160 ff. Pfarrkircher Passion a. a. O. Bruder Berthold 1, 16, 23 ff.: *Wê dir, manteler, dü kanst ouch dinem amte niemer rechte getuon! Dü machest einen alten hadern, der fül ist und ungencme unde dü mite man billicher eine want verstieze, wan ez zuo anders iht nütze sî: daz vernaidelt er und machet ez dicke mit sterke unde yit ez einem armen knechte ze koufe. Der hat vil lihte ein halbez jâr dar umbe gedienet, und als erz angeleit, sô wert ez in niht vier wochen, ê daz er aber ein anderz muoz koufen.*
1445. d. h. dass die Naht immer gleich riss. Ueber *uprinden* st. v. s. Walther a. a. O. S. 49.
1448. Vgl. Brant, Narrenschiff 102, 31: *Die elen sint kurtz zuo gerycht.*
1451 f. Vgl. Erlauer Spiele IV, 169: *trag mir den sneider in di hell!*
1453. Vgl. unten 1591.
1454. Ettmüller ändert *braghen* in *brogen* und erklärt: „und an der ewigen Heisse (Hitze) prahlen, grossthun." Woeste a. a. O. nimmt *braghen* in der Bedeutung „schmoren, braten, sieden"; *braghen* ist zwar bisher unbelegt, muss aber vorhanden gewesen sein, da das Verbum *brägeln* (deutsches Wb. 2, 291. Frischbier, Preuss. Wb. 1, 101) in gleicher Bedeutung zweifellos eine Iterativbildung von einem Verbum *bragen* ist. Dagegen fasst Walther a. a. O. S. 50 *bragen* als „kalfatern, die Risse der Schiffe mit Hede und heissem Pech verstopfen", mit Uebertragung des Ausdrucks auf das Flicken und Stopfen der durch die Schuld des Schneiders zerrissenen Kleidungsstücke, da „Lucifer die Strafbestimmungen der einzelnen Handwerker je nach deren Geschäft und Geschäftssünden variiert." Die letztere Bemerkung trifft nur zum Teil zu. Dass der peuesticus mit dem Hintern auf den heissen Herd gesetzt wird (1597), steht mit seiner Hantierung in keinem Zusammenhange, und über die Art der Bestrafung des raptor bleiben wir im Unklaren.
1469. Vgl. Dat nye schip van Narragonien 112ª: *De achter worst vth der sw dat ys sin deel.* Aehnliche unflätige Belohnungen der Teufel im hessischen Weihnachtsspiel 758: *Auch gebe ich der ze lone Dasz eyn alt weib scheusz nach der none* (vgl. Alsfelder Passionsspiel 216: *Dar umb wel ich dir geben ze lone Was mir entfellet nach der none);* 817: *Krentzelin, habe dir zu lone Schauff lorbern vnd zegen bonen. Belial vnnd Machedantz, haben uch allermeist Das eyn alde nunne vor der metten scheusz.*
1474 ff. Vgl. Innsbrucker Auferstehung 380 ff. Erlauer Spiele IV, 202. Pfarrkircher Passion a. a. O. Bruder Berthold 1, 17, 14 ff.: *Dü zapfenzieher, dü tuost dinem amt ouch selten rehte: dü giuzest etteswenne wazzer in den win oder fülen win in den guoten, daz ein mensche eteswenne grözen siechtuom dar an trinken mac. Dü bist ein diep, wan dü gibst der rehten mâze niht.* Brant, Narrenschiff 102, 15 ff. u. Zarnckes Commentar.

1479. Die Lesung der Hs. *des waters cleyne* ist sinnlos. Walther a. a. O. möchte statt *waters* lesen *wetes*, gen. von *wete*, Weizen; „die damaligen Biere waren bekanntlich zum grossen Teil Weizenbiere." Ich ziehe vor, *waters in bers* zu ändern, wie auch Koppmann vorgeschlagen hat.

1484. *wene ber mat*, jemandem Bier mass, einschenkte. *wene* abgeschwächte Form für *weme*. Mone las fälschlich *woneber*, an welchem Worte sich die Erklärer vergeblich abgemüht haben. S. die verschiedenen Erklärungsversuche bei Walther a. a. O.

1489. *vuler wen en as*, vgl. Gerhard v. Minden 65, 71: *Vül als ein as (: dwas)*. — *vul stinken*, vgl. Val. u. Nam. 1798: *sin adem em vil vule stank*. Reinke de vos 1524: *he stanck greseliken vule*. Henselin 17, 18: *Wy fyn yo vuel stynckende aesz todegen*. Des dodes danz 916: *De licham is ein vul stinkende as*. Dat nye schip van Narragonien 36ᵇ: *Vor allen hölen se vule stynken;* 37ᵃ: *Syn athem stinket vul ouer al.*

1493. Nach dem Volksglauben sollen in dem einem am Galgen hängenden Diebe abgeschnittenen Daumen Wunderkräfte liegen; Wirtsleute im Besitz eines Diebsdaumens glaubten dadurch Gäste herbeizuziehen, ja sie steckten ihn in Wein oder Bier, um die Käufer dadurch herbeizulocken. S. deutsches Wb. 2, 1094. Vgl. Brant, Narrenschiff 102, 15: *Salpeter, schwebel, dottenbeyn . . . Stost man zuom puncten jn das fasz.*

1496. Es läge nahe, das handschriftliche *mynen* in *myne* zu ändern, doch enthalte ich mich dessen, da dieselbe Form 1503, 1694 und 1964 wiederkehrt.

1497. Die Worte *has mede* sind nicht mit Sicherheit zu deuten. Eine Zusammenstellung der verschiedenen Erklärungsversuche gibt Walther a. a. O. S. 51. In *has* scheint ein Schreibfehler zu stecken; die von mir Germania 14, 196 vorgeschlagene Aenderung in *hast* 'gebt dem Krüger schnell seinen Lohn', scheint mir auch noch unbedenklich; gegenüber der Bemerkung Walthers a. a. O., dass man nicht *hast*, sondern *haste* als Adverb erwarten müsste, verweise ich auf Waldis, Verl. Sohn 236: *Offt he wes gebüth, ydt hast geschüt*. Walther empfiehlt zu schreiben *harsmede*, „Harzmet, Met, der aus heissem Harz besteht" : „wie er (der Krüger) sich versündigt hat an dem, was er seinen Gästen für ihre Gurgel verkaufte, so wird er auch ähnlich bestraft."

1498. 99. *kupe = kope*, Kufe; *schupe*, Schöpfkelle. S. Walther a. a. O. S. 52.

1505. Die Worte *tpru vort tpru* halte ich, wie ich in Germania 14, 194 ausgeführt habe, für den graphischen Ausdruck eines crepitus ventris. *vort* (= Furz) ist von der Hand des Schreibers erst darübergeschrieben, wohl zum besseren Verständnis. Die gegen meine Erklärung gerichteten Bemerkungen von Zacher in Zeitschr. f. deutsche Phil. 4, 406 und von Liebrecht in Germania 21, 399. 25, 88 haben mich nicht überzeugt.

1509. *deve kumpan*, Diebsgeselle. Wenn nicht etwa *deve* verschrieben ist für *leve*; vgl. 1389 *myn leve kumpan*.

1510. Walther a. a. O. S. 52 meint, dass auch dieser Vers noch an Belsebuc gerichtet ist und übersetzt: „Pfui! so musst du niemals niesen!" mit Beziehung auf Belsebucs unflätige Begrüssung. Indessen heisst „niesen" im Mnd. *nesen*. Nach meiner Auffassung enthält der Vers ein an den Weber gerichtetes Drohwort und hat genau denselben Sinn wie die an den Pfaffen gerichteten Worte Satans 1844: *so motestu nummer leven*. Ich übersetze: So müsseet du nicht ungestraft bleiben! *neten* ist mhd. *niezen, geniczen*, keine Strafe leiden, mhd. *genoxxen* = ungestraft (s. Lexer mhd. Handwb. s. v.). *geneten* absolut stehend s. Waldis, Verl. Sohn 1018: *Is demm alszo, du machst gencyten*.

1517. d. h. von vier Knäueln stahl ich immer eines. — Für *cluen* ist die üblichere Form *kluwen*; so wird auch das Wort hier zu sprechen sein, trotz der abweichenden Schreibung. — Ettmüller ändert des Reimes wegen in V. 1516 *untruwe* in *untruwen*. Unnötigerweise! Siehe Gerhard von Minden, Einleitung S. XL. Valentin u. Nam. 1314. 1639. 2463. 2595.

1526. „Wenn ihr euren Bauern so streichelt" scheint eine sprichwörtliche Redewendung zu sein. Der Sinn ist: Wenn ihr so mit den Leuten umgeht, sie so schlecht behandelt. Vielleicht, dass dieselbe Redensart noch heute fortlebt in dem Kinderstubenscherz: *So strakt man den buern*, nämlich: von unten auf.

1532. Vgl. Erlauer Spiele IV, 61: *der weber mit dem gestellen*.

1534 ff. Vgl. Innsbrucker Auferstehung 384 ff.

1551. so tropften sie wie ein alter Schuh, ironisch, d. h. gar nicht, weil sie trocken und dürr waren.

1554 ff. Vgl. Bruder Berthold 1, 16, 13 f.: *Sô gît der siuwîn für bergîn fleisch.*

1560. *sultevot* ist im mnd. Wb. nicht verzeichnet. Das Wort kann nur „Sülzefuss" bedeuten und dient hier als spöttische Bezeichnung für den carnifex, der aus Füssen Sülze macht (*sulz von ochsenfüszen* Gargant. 182). Freybe trifft wohl nicht das Richtige mit seiner Uebersetzung: „Nehmet den Betrüger hier, sein' Sülzefüsse obendrein."

1564. *swynesmaghen* ist wohl ein höllisches Folterinstrument; nach Ettmüller der Ort der Hölle, in dem die Fleischer und Wurster gepeinigt werden.

1568. Auch ich wähne Glück gehabt zu haben. — Ueber *bewanen* s. zu 1171.

1573. *swyneparlen*, 'Schweinekot-Klümpchen'. Vgl. oben 1469. Ettmüller erklärt ohne einen stichhaltigen Grund *swyne* für einen Zusatz des Schreibers.

1575. *herinklake* oder *heringelake* ist im mnd. Wb. nicht belegt. S. auch Koker S. 340: *We da drüncke kalkwater unde heryngelake, De sülve söpe den byttern doet.*

1580 ff. Vgl. Brant, Narrenschiff 102, 75: *Die fulen hering man vermyscht Das man verkoufft sie gar für frysch.* Boek der profecien (Lübeck 1493) Bl. 37ᵃ (bei Bruns, Beiträge, Braunschweig 1802, S. 185): *De dridden valschen koplude sint de dar de ware vormengen, se menghen dat gude to deme quaden effte dat quade to deme guden, dat is lyke velc. Se mengen dat olde to deme nyen, effte dat nye tho deme olden.*

1585. *ghelt* fasst Walther a. a. O. S. 52 als die Milch der Fische: „Die Milch der Bücklinge gilt bekantlich als Delicatesse und als Hausmedicin gegen Halserkältung." Diese Deutung erscheint mir etwas gekünstelt und im Hinblick auf V. 1139: *unde den doren ere ghelt aflocken* nicht sehr wahrscheinlich. Ich fasse daher auch hier *ghelt* als 'pecunia', selbst auf die Gefahr hin, eine vermeintliche Feinheit des Dichters zu zerstören. — *hal* nimmt Nerger § 216 S. 165 Anm. als *halde*, Prät. von *halen*, holen, Walther a. a. O. als Prät. des st. V. *helen*, hehlen, verheimlichen, hier: heimlich stehlen. Ettmüller ändert *hal* in *stal*; danach übersetzt Freybe: abstahl.

1586 ff. Vgl. Pfarrkircher Passion a. a. O. Bruder Berthold 1, 16, 17 ff.: *Sô hât der unrechtez gewiht in sînem krâme, der habet sus die wâge einhalp, sô dax sie gein dem koufschatze sleht, unde jenez wænet ez habe, sô enhât ez niht, unde wendet sie mit der hant rehte.* Brant, Narrenschiff 102, 30 ff.: *Man hat kleyn mossen vnd gewicht . . . Die vile eyncr duot sehen an Was narren vff dem laden stan, Geut sie der wogen eynen druck Das sie sich gen der erden buck.* Boek der profecien a. a. O.: *De anderen koplude de vordomet werden sint de unrechte mathe effte wychte bruken, unde wo dat wychte effte mathe wol recht is, so wegen efte methen se doch valschliken.*

Vor 1598. So viel ich sehe, hat die Hs. *Lycketuppe* (d. h. Fasslecker?), nicht, wie Mone las, *Lycketappe*. Indessen ist doch vielleicht *Lycketappe* die ursprüngliche und bessere Lesart; vgl. niederd. Reimbüchlein ed. Seelmann 2685: *Godt gröte di, min leve lickelappe (: nappe)*. Der Name bedeutet Näscher, eigentlich Zapfenlecker oder Tatzenlecker; s. Woeste, Wb. d. westfäl. Mundart s. v. *lecktappe*.

1604. *somer*, fast; nicht, wie Ettmüller will: um so mehr.

1606. „Das Mundwerk *(de wasche)* geht dir wie Spreu" ist keine besonders glückliche Redewendung. Ettmüller und Freybe fassen *wasche* im Sinne von *wascherie* 'Geschwätz', wofür es aber in Beispielen gebricht.

1612. *dat dy lede sche*; ebenso 1668. Vgl. Der Scheve Klot (in den mnd. Fastnachtspielen ed. Seelmann) 264: *Om schal draden lede schehen*. Aehnliche sprichwörtliche Wendung Theoph. 1, 450: *dat ju nummer gut en sche;* nd. Aesop in Germania 13, 473, 22: *dat dy nummer gut gesche;* Agricola, Sprichwörter (1529) 2, 167[b] Nr. 626: *Dasz dir nymmer mehr kein gut geschehe*. S. auch unten 1691.

1615. In den Worten der Hs. *Du mochtest so vele ik wolde di villen* vermag ich keinen Sinn zu finden. Freybe übersetzt: „O köuntst du, wie ichs wollt! dich schinden mit Schlägen!" Fronings Erklärung: „Könntest du doch alle Qualen, die ich dir gönnte, auf einmal leiden!" deckt sich nicht mit dem Text. Ettmüller ändert *Du mochtest* in *Mochtik* (ohne indessen die Aenderung unter den Lesarten zu verzeichnen) und erklärt: „könnte ich dich schinden, peitschen, geisseln." *Mochte ik* zu setzen, halte auch ich für geboten; ich glaube so erkläreu zu sollen: „Vermöchte ich so viel, könnte ich nur, ich wollte dich schinden." Vgl. 1648. Man denke daran, dass Lucifer gefesselt ist.

1616. S. zu 897.

1618 ff. Vgl. Erlauer Spiele IV, 182 ff.

1633. *Achter na dat is* (oder *kumpt* oder *lopt) dunneber*, ein verbreitetes, verschieden gedeutetes Sprichwort. Richey, Idiot. Hamb. 1: Sprichwort wider diejenigen, die zu spät kommen. Schütze, Holstein. Idiot. 1, 17: Hintennach ist es zu spät (in diesem Sinne ist es an unserer Stelle zu fassen). Etwas anders im brem. Wb. 1, 77: wer zu lange wartet, hat den geringsten Vorteil; 272: das letzte von einer Sache pflegt nicht das beste zu sein. In letzterer Fassung im deutschen Wb. 2, 1554.

1634. Mir scheint die Einschiebung von *nicht* durchaus geboten. Wenn Lucifer sagt: „Diese Reden sind mir neu" so gibt das meines Erachtens keinen Sinn. Anders wenn er sagt: „Diese Reden (nämlich des Räubers: „wenn ich das zuvor gewusst hätte u. s. w.") sind mir nicht neu." Denn ganz ähnlich hatten sich schon der Bäcker, der Schuster und der Weber ausgesprochen.

1635. Vgl. Proverbia communia Nr. 518: *Na ruwe is der wyue ruwe*. Tunnicius Nr. 790: *Nárouwe is wiverou*. Glosse zu Reinke de vos I, 38: *Naruwe js wyueruwe*, wo *men gemeinlick spreckt*; jüngere Glosse (ed. Brandes, Halle 1891) II, 2, 11: *Naruwe wyveruwe*. Neander, Proverbia Germanorum (1590) S. 341: *Nachrew ist Weiber rew*.

1639. Du sollst keine neue Weise mehr ersinnen, d. h. mit deinen Streichen ist es aus. Vgl. Lüb. Chron. 2, 360: *deme piper was de munt ser, darumme wart dar nyn rey af*, ward aus der Sache nichts.

1640. Ettmüller: „ich will dich zur Fahne führen, das Herumschweifen dir legen." Freybe: „du sollst nun bei der Fahne bleiben."

1648. Ich möchte euch gerne beistehen, — eine Anspielung Lucifers auf seine Fesseln, die ihm die thätige Teilnahme an der Vollstreckung seiner Urteile nicht gestatten. S. zu 1615.

1649. *rese* 'Recke'. Vgl. Liliencron, histor. Volksl. 3 Nr. 329 Str. 10: *Nu tredet daher, gi kone resen*.

1667. Statt *lape*, welches keinen befriedigenden Sinn gibt (s. die Erklärungsversuche Ettmüllers; auch Freybe, dem Froning [der aber *lope* liest] folgt, trifft nicht das Richtige), ist nach der Emendation von Walther a. a. O. zu lesen *jape:* ich schnappe nach Luft (und sperre dabei den Mund auf) wie ein Backofen. — *bakaven* fehlt im mnd. Wb.

1671. Vgl. 1805. Erlauer Spiele IV, 189: *Seid du verdient hast gotes zarn, so muost du in meinen ars varn.*

1673. Nach Ettmüllers Vorgang schiebe ich ein *nicht* ein, ohne welches der Vers unverständlich bleibt. Vgl. Fastnachtspiele (Frau Jutte) 939, 5: *Und geus ihr zu dem hals hinein Den faulen und stinkenden hellentrank! So wird ihr die zeit nicht lang.*

1675. Das Wort *mersko* (Hs. m'fkô), welches im mnd. Wb. fehlt, ist noch nicht befriedigend gedeutet. Ettmüller: „besudelt, beschmutzt wie eine Kuh des Marslandes." Freybe: „Du gehst besudelt wie eine Merzkuh" mit der Anmerkung: „Ob *merzkô*, die infolge ihres Aufenthaltes vom Spätherbst bis zum Merz (eigentlich Mai) im Stalle sehr unsauber aussieht?" Das im deutschen Wb. 6, 2110 aufgeführte Wort „*Merzkuh*, Kuh, die aus der Herde ausgemerzt und zum Verkauf gestellt wird" scheint mir abseits zu liegen.

1683 f. Den Sinn dieser Redensart verstehe ich nicht. Etwa: fahre hin auf den Schindanger?

1697. *dat glas*, das Harnglas. „Die Urinbesichtigung war bekanntlich für die Diagnose der alten Aerzte eines der wichtigsten Mittel." Seelmann zu den bösen Frauen 262. Vgl. Meister Stephans Schachbuch 3212: *Dat he queme vnde seghe syn glas;* 3812: *De de glase kunnen bekiken.* Mnd. Arzneibuch (Nd. Jahrb. 15) S. 110. 112. 113. 115: *den minschen besen in deme glase;* 111: *also du dat glas besust;* ib.: *wanne du denne sin glas besust;* 119: *also me dat glas besut;* ib.: *So wan de meister dat glas besut.*

1712. „*Domnus*, d. i. *dominus*, war das ehrende Prädicat der Geistlichen im Mittelalter, daher wird zuweilen *hêr dominê* im launigen Spott gebraucht." (Ettmüller.) Des dodes danz 943: *Ja, ja, her domine.* Liliencron, histor. Volkslieder 1 Nr. 34 Str. 9: *gnad herr, herr domine.* Niclas von Wyle, Translationen 176, 12: *O her domine, sprach der lolhart.* Murner, Narrenbeschw. (ed. Balke) 101: *Lieber münich, her domine.*

1713. *ik vruchten.* Die uur an dieser Stelle vorkommende Endung —*en* der 1. Sing. Ind. Präs. gehört der Mundart nicht an und weist nach Westen. *Ik vruchte* 905. 1705. 1711 u. ö.

1721. *plettener* hier mit verächtlicher Nebenbedeutung. Vgl. Bolte zu De düdesche Schlömer 73.

1725. *tide*, die horae canonicae.

1726. *myt hilghen reden*, mit heiligen Reden. Der Pfarrer hat sein Gebetbuch in der Hand. Ettmüller unrichtig: „mit heiligen Geräten."

1736. *an den vullen leven*, in Völlerei; vgl. Spiegel der Natur (nd. Jahrb. 10 S. 130) 417: *An den stoven wil se vele cleven, Jolen ok an den vullen leven.* Walther setzt im mnd. Handwb. diese Redewendung bei dem sw. m. *vulle* an; indessen gibt es im Nd. auch ein infinitivisches Subst. *dat vullen* (nur im Inf. intransitiv, s. Zarncke zu Brants Narrenschiff S. 328 Cap. 16, (9) = Völlerei, s. Dat uye schip van Narragonien 35ᵇ: *Van vullen vnde brassen,* 36ᵃ: *De fyck den brasserers togesell Vnde stedes na schelken vnde vullen stelt;* davon dann das Substantiv *fullery* ib. 36ᵇ. Ob dies *vullen* schon vor der nd. Bearbeitung des Narrenschiffs nachzuweisen ist, weiss ich freilich nicht zu sagen. — *den* muss hier die abgeschwächte Form des Dativ sing. sein (vgl. Nerger § 221), da ein Plural von *vulle* nicht denkbar ist.

1740. So wahr mir der gütige Gott (sc. helfe)! S. über diese Beteuerungsformel Grimm, Gramm. 4, 135. Vgl. Alsfelder Passionsspiel 5892: *sum mer der gude gott!* Auffallend ist in unserer Stelle der Acc. *den guden* statt des Nom. 1744. Freybe übersetzt: „Dienstbare Leute, holla, bereit!" Schwerlich richtig. Die Worte sind an Satanas gerichtet und zu übersetzen: „Sachte, Mann, sachte, sachte!"

1745. Weihwasser und geweihtes Salz dienen bei Teufelbeschwörungen. S. Gryse, Leien-Bibel II Bl. L 2: *mit Crützwysz bestrouwedem Solte vnd beswer Wörden etc.*; Bl. A a: *dat men den Düuel . . dorch Wyhewater . . könne vördryuen. Wyet solt* als Zaubermittel s. nd. Korresp.-Bl. 12 (1887) S. 35 Nr. 3.

1746. Ettmüller fasst *ghest* als „Hefe" und erklärt: „Ich wollte dir den Uebermut (den Gischt) vertreiben." Ebenso Freybe und ähnlich Froning. Ich halte die von Ettmüller ausdrücklich abgelehnte Erklärung: „Ich wollte dir den Geist in Schreck setzen!" für allein richtig. Vgl. De düdesche Schlömer 2147: *De Geist was dy all guer voruert.* Was Ettmüller über den Gebrauch des Wortes *vorveren* bemerkt, ist falsch. Das alts. *gêst* erscheint allerdings im Mnd. fast durchweg in der Schreibung *geist*, wie auch *geistlicheit* und (im mnd. Wb. nicht verzeichnet) *geistlik* (doch s. 1763: *van der ghestelken achte;* Mecklenb. Urk.-B. 16 Nr. 9470 S. 26: *ghestliken edder werliken luden* u. a.), aber die Aussprache ist vielleicht immer *gêst* gewesen, da im Neund. das Wort wieder als *geest* zur Geltung kommt (brem. Wb. 1, 500).

1748. *hure* (wenn das Wort richtig gelesen wird) deuten Freybe und Froning als „Schreihals", von *huren,* schreien, winseln (*hure* stünde dann für *hurere, hurre*). Ich weiss keine befriedigende Erklärung. Ist *hure* etwa volkstümliche Abkürzung von *hurpape?* Oder darf man an *huren,* niederhocken (s. deutsches Wb. 4, 2, 582 unter *hauern*) denken? Wo dann eine Anspielung auf das Niederknien der Geistlichen vorläge. Dergleichen Bezeichnungen, hergenommen vom Aussehen und Thun der Geistlichen, lieben ja Lucifer und Satanas; vgl. 1721 *her plettener,* 1825 *scheflacken,* 1843 *renne-umme-id-olter* (Froning will sogar in 1739 *olpender* eine Anspielung auf die Beleibtheit der Pfaffen sehen). — Ettmüller ändert *hure* in *hôrensone*.

1749. *wat nomestu nu,* was nennst du da? Bezieht sich wohl auf Weihwasser und geweihtes Salz. Freybe irrig: „was nahmest du?"

1760. Vgl. Bordesholmer Marienklage 197: *dat mochte eynem stene entfarmen;* 298: *dyn grote lydent unde weynen mochte untfarmen deme harden steyne;* 630: *dyn scrygent untfarmen mach den harden steynen.* Reinke de vos 3815: *Dat mochte entfermen cyneme steen.* Aehnlich Dat nye schip van Narragonien 143ᵃ: *Dat mach eyneme harden stene doen wee;* Böse Frauen 84: *Dat mach men dem harden stene klagen.*

1770. Von der Trunksucht der Geistlichen spricht auch Dat nye schip van Narragonien 38ᵇ: *De presters vnde mönneke yn desser tyd Drinken eyn deel mit grotene flyd.*

1773. *dy wert totum,* es kommt dir ein Ganzer. Vgl. Dat nye schip van Narragonien 36ᵃ: *Ick bringe dy eyn vul!*

1774. *got bewars,* Gott bewahre mich davor! Dem andern ist ein Ganzer zu viel.

1775. *myddel pars* = mediam partem, einen Halben. „Die geistlichen Trinker bedienen sich lateinischer Formeln, die von Satanas ergötzlich genug vorgebracht werden." (Ettmüller.)

1781. Vgl. das hildesheimische Sprichwort im Korrespondenzblatt d. Vereins f. nd. Sprachforschung 10, 43: *Sei süht ut, asse wenn sei Wiehwater supen hedde* = sie stellt sich fromm.

1792. *wat is dat gesecht*, was meinst du damit? wie ist das zu verstehen? Freybe: „ist das billig und recht?"

1805. Kummer vergleicht unsere Stelle zu Erlauer Spiele IV, 189, doch stimmt oben 1671 besser dahin.

1806. Die Aenderung des handschriftlichen *set nu* in *secht me* halte ich für geboten, trotz der Bemerkung Walthers im nd. Jahrb. 16 S. 52. *Men secht* ist eine der üblichen Einleitungsformeln für die Anführung eines Sprichwortes. Vgl. Zeitschr. f. deutsches Alterth. 8, 376 ff.

1807. *Dat leste schap schit jo in den stal.* Der Sinn ist: Der letzte begeht immer die grösste Dummheit. Damit ist der zuletzt gekommene Satan gemeint, der den erfolgreich Widerstand leistenden Pfaffen in die Hölle bringt. Ettmüller und Freybe (letzterer im Text seiner Uebersetzung, womit die Fussnote im Widerspruch steht) ändern unnötigerweise *leste* in *beste*; in dieser falschen Form steht das Sprichwort bei Wander 4, 55.

1825. *schefhacke*, Schiefhacke, Schiefbein wird der Geistliche genannt wohl mit Anspielung auf das häufige Kniebeugen. Vgl. zu 1748.

1836. *klaken* ist noch nicht befriedigend erklärt. Der Sinn wird sein: thöricht handeln, dumme Streiche machen.

1840. *de huve begheten*, die Haube begiessen, erklärt Ettmüller wohl annähernd richtig: „den Kopf blutig schlagen." Aehnliche Redensarten: auf die Haube klopfen, greifen, die Haube rücken, auf die Haube kommen, über die Haube wischen u. s. w. s. deutsches Wb. 4, 2, 563 f.

1843. *renne-umme-id-olter*, weil der Priester bei der Messe von einer Seite des Altars zur anderen geht.

1848. Das handschriftliche *bist* ändere ich nach dem einleuchtenden Vorschlage von Walther a. a. O. in *vist* 'crepitus ventris'. Der Sinn der Stelle wird sein: Ein Furz und ein Fluch, wie du ihn auf mich schleuderst (V. 1847), verfliegen beide spurlos. Ich weiss nicht, ob das Sprichwort bei Neander, Proverbia Germanorum (1590) S. 350: *„Wünschen vnd fartzen geht viel in ein Sack"* einen ähnlichen Sinn hat.

1850 f. Vgl. Proverbia communia Nr. 81: *Alze me den sack upbynd so suth me wat dar inne is.*

1852. Statt *untust* ist *untsust* zu lesen: dass du dich nicht scheust.

1856. *in warer bicht* formelhaft = in Wahrheit. *bicht* in so verblasster Bedeutung häufig bei Daniel von Soest: *in heimeliker bicht* Gemeine Bicht 1052. Dialogon 1058. 1376; *in rechter bicht* Gemeine Bicht 2092. 2517; *mit apenliker bicht* Dialogon 1147; *in der pinliken bicht* Dialogon 1033.

1865. *den creden* (das Credo) *lesen*, den Text, die Leviten lesen. Aehnliche Wendungen *den bref lesen* oben V. 905; Zeno 950: *de fibelen lesen*; Sündenfall 2178: *eine lexien lesen;* vgl. auch Liliencron, histor. Volksl. 3 Nr. 394, 31: *Aspelcamp telde em den cisiojan;* Nr. 398 Str. 57: *he . . hörde on dar de bichte.* Franz. *lire la grammaire* bei Jubinal, Mystères inédits I p. 69.

1870. *Ik hebbe syner wol er ghesmecket.* Vgl. Lüb. Chron. 2, 543: *Se vruchten de walt des konynges, wente se der woll eer gesmaket hadden.*

1877. *musehol*, Mauseloch. Mone las *muschel.*

1881. soll ich dort etwa die Nester der Vögel hüten? d. h. ich wüsste nicht, was ich dort zu thun hätte. (Seelmann.)

1893. *de wilde wolt* wohl formelhaft; vgl. Koker S. 349: *He sete lever in dem wylden wolde.*

1894. *vulen* steht hier wohl für *wulen = wolen, wölen*, wühlen, wie der Schreiber öfters *v* für *w* verwendet; s. die Einleitung S. 15.

1897. Vgl. Tunnicius Nr. 29: *Sü wol to, als de olde hunt blecket.* Proverbia communia Nr. 16: *Alze de olde hund beeld, so schal men up seen.* Seb. Franck, Sprichw. (1541) II, 94ᵃ: *Wan die alten hund bellen, sol man auff*

sehen. Man braucht das Sprichwort als Strafrede, wenn jemand, vor einer Gefahr gewarnt, die Warnung missachtet und zu Schaden kommt.
1907. Der *molenpaghe* ist nicht „das Mühlross, das Pferd, welches die Rossmühle umtreibt" (Ettmüller), sondern der Esel. S. Walther a. a. O. S. 53. Vgl. unten 1982.
1914. Vgl. Dat nye schip van Narragonien 106[b]: *Gy papen hebben doch selszene rede.*
1929. *er noch,* ihrer genug. Als „genug", nicht als „noch", wie Freybe und Froning wollen, wird das Wort zu fassen sein.
1935—46. Ganz ähnlich, wie hier, spricht im Egerer Fronleichnamsspiel 239—49 der gefallene Lucifer seine Verzweiflung und seinen Wunsch nach Busse aus. Das Egerer Spiel, wenigstens in seiner jetzigen Gestalt, ist übrigens nach Angabe des Herausgebers etwas jünger als das Redentiner, um 1480 entstanden.
1947. *over en* (2005 *averen*), ganz und gar, durchaus. Unrichtig erklärt Froning: „Das bringt der Hochmut über einen." — Ueber den *homud* als Ursache von Lucifers Fall s. zu 260.
1982. *molenpaghe* s. zu 1907.
1986 f. s. zu 1222.
1991. Das rechnet uns nicht hoch an, das legt uns nicht übel aus. Eine beliebte captatio benevolentiae. Vgl. Der Scheve Klot 5 f.: *So bidde wi iw ersamen hern, Dat gi vns dat thom besten keren.* Waldis, Verl. Sohn 211: *Vnd kerdt ydt vnsz tho argem nicht.* Liliencron, histor. Volksl. 3 Nr. 397 Str. 56: *Ik wil juw all ghebeden haen . . . dut ghedicht mi nicht vorkeren.* Oberammergauer Passionstext von 1662 (Hartmann, Das Oberammergauer Passionsspiel in seiner ältesten Gestalt. Leipzig 1880) S. 220: *So wür etwasz vbersechen haben, so wöllet vnsz nicht für ybl haben Vnd wöllet es zum befften nemben an,* u. v. a.
1994 f. Vgl. Koker S. 342: *De schal noch werden geboren De alleman wyl to dancke doen.* Brant, Narrenschiff 41, 21 ff.: *Es lebt vff erden gantz keyn man Der recht tuen yedem narren kan.* Tunuicius 1297: *Nummeni kan alle man alle wege behagen.* Nd. Jahrb. 1877 S. 62 Nr. 16: *Wol kant so maken, berychte my, Dat yt alle man to dancke sy?* Gryse, Wedewen Spegel (Rostock 1596) Bl. Aij[b]: *Wol kant so maken, segge my, Dat ydt alen tho dancke sy? Idt schal noch kamen de erste mann, De ydren tho danck maken kan.*
1997. *dat gy jo weten unse beste,* dass ihr immer unser Bestes im Auge habt, auf unser Bestes bedacht seid. Vgl. Lübecker Urk.-B. 5 Nr. 616 S. 697: *also dat wij .. ere vnde der eren beste truweliken weten . . willen.*
1999. *en beter,* ein besseres, scil. Spiel.
2010. *bylde* s. zu 3.
2012. Die Wendung *sik en dink to hone ten,* sich durch etwas gekränkt fühlen, ist im mnd. Wb. nicht verzeichnet. Vgl. Koker S. 304: *Nemande düt tho hone schüt, Sünder deme, de syck dat to hone tüth;* 358: *Dar tüth syck mennych wat to hohn, Dat doch one allen schympe togeyt.*
2013. *malk hebbe syner sunde schone,* jeder hüte sich vor Sünden.
2015. *bryngen to spele,* in einem Spiele darstellen.
2025. Ein beliebter Schlussvers der Osterspiele; s. Kummer zu Erlauer Spiele III, 1330. Die am meisten verbreitete Version ist: *Christ ist erstanden,* doch findet sich die Form: *Christus ist uperstauden* bereits in der Mitte des 15. Jahrh.; s. Wackernagel, Kirchenlied II S. 44.

In unserm Verlage sind ferner erschienen:

Niederdeutsche Denkmäler.

Band I.
Das Seebuch von Karl Koppmann. Mit einer nautischen Einleitung von Arthur Brensing. Mit Glossar von Christoph Walther.
Preis 4 Mark.

Band II.
Gerhard von Minden. Von W. Seelmann. Preis 6 Mark.

Band III.
Flos unde Blankflos. Von Stephan Waetzoldt. Preis 1,60 Mark.

Band IV.
Valentin und Namelos. Von W. Seelmann. Preis 5 Mark.

Forschungen.
Herausgegeben vom Verein für niederdeutsche Sprachforschung.

Band I.
Die Soester Mundart. Laut- und Formenlehre nebst Texten von Dr. Ferdinand Holthausen, Docent an der Universität Heidelberg. Preis 3 Mark.

Band II.
Volksmärchen aus Pommern und Rügen. Gesammelt und herausgegeben von Dr. Ulrich Jahn. Erster Teil.
Preis 7,50 Mark.
Band III und IV befinden sich in Vorbereitung.

Band V.
Die Niederländischen Mundarten. Von Herm. Jellinghaus.
Preis 4 Mark.

Band VI.
Niederdeutsche Alliterationen. Gesammelt von K. Seitz.

Drucke des Vereins für niederdeutsche Sprachforschung.

Band I.
Mittelniederdeutsche Fastnachtspiele. Mit Einleitung und Anmerkungen herausgegeben von W. Seelmann. Preis 2 Mark.

Dieser Neudruck mit Reproduction der Original-Holzschnitte enthält eine Sammlung alter volkstümlicher Lustspiele in mittelniederdeutscher Mundart. Die ausführliche Einleitung, welche der Herausgeber beigefügt hat, bereichert die Geschichte des deutschen Dramas um eine Reihe interessanter Thatsachen und führt u. a. den Nachweis, dass dem Fastnachtspiele, wie man böse Frauen fromm machen kann, derselbe Stoff und dieselbe Quelle zu Grunde liegt, wie einer englischen, auch Shakespeare, wie seine Zähmung der Widerspenstigen zeigt, bekannten Dichtung.

Band II.
Das niederdeutsche Reimbüchlein. Eine Spruchsammlung des 16. Jahrh. Herausgeg. von **W. Seelmann.** Preis 2 Mark.

Das um die Mitte des 16. Jahrh. gedruckte und nur in einem einzigen Exemplare erhaltene Reimbüchlein ist eine in ihrer Art einzig dastehende Anthologie gnomischer und lyrischer Poesie, die aus z. T. jetzt verschollenen Dichtungen, z. T. auch aus dem Volksmunde gesammelt ist.

Band III.
De düdesche Schlömer. Ein niederdeutsches Drama von **J. Stricker** (1584), herausgegeben von **J. Bolte.** Preis 4 Mark.

Meister Stephans Schachbuch. Ein mittelniederdeutsches Gedicht des 14. Jahrh. Teil I.: Text. Preis 2 Mk. 50 Pf. Teil II.: **Glossar,** zusammengestellt von **W. Schlüter.** Preis 2 Mk.

Wörterbücher des Vereins für niederdeutsche Sprachforschung.

Band I.
Wörterbuch der Westfälischen Mundart von **Fr. Woeste.** 22 Bogen. Preis 8 Mk., in Halbfr.-Band 10 Mk.

Band II.
Mittelniederdeutsches Handwörterbuch von **Dr. August Lübben.** Nach dem Tode des Verfassers vollendet von **Dr. Christoph Walther.** 38 Bogen.
Preis 10 Mk., in Halbfr.-Band 12 Mk. 50 Pf.

Als das grosse Mittelniederdeutsche Wörterbuch von Schiller und Lübben bereits bald nach seiner Vollendung (1881) vergriffen war, wurde aus den Kreisen des Vereins für niederdeutsche Sprachforschung der Wunsch laut, vorerst statt einer neuen Ausgabe ein Handwörterbuch ohne Belegstellen zu veröffentlichen, um möglichst rasch dem Mangel abzuhelfen und um auch solchen, denen das sechsbändige Wörterbuch zu theuer sein möchte, das Studium des Mittelniederdeutschen zu erleichtern. Mit derselben Energie, welche Lübben nach Schillers Tode (4. Aug. 1873) den grössten Teil des Hauptwerkes (vom Artikel gîn ab) in verhältnismässig kurzer Zeit vollenden liess, begann und verfolgte er die neue Aufgabe. Es war ihm aber nicht beschieden, den vollständigen Druck seiner Arbeit beschaffen zu können: als das Werk bis zum dreizehnten Bogen gedruckt vorlag, starb er am 15. März 1884. Auf Wunsch des Vereinsvorstandes hat dann Herr Dr. Walther die weitere Herausgabe des Werkes übernommen.

Das Handwörterbuch ist im ganzen freilich ein Auszug aus dem grossen Wörterbuche; wer beide vergleicht, wird aber bald erkennen, dass die neue Arbeit vielfältig vermehrt und berichtigt ist. Lübben hat nämlich mit unausgesetztem Fleisse und, wie manche Artikel kund thun, bis zuletzt die Sprachquellen excerpirt und sein Handexemplar des Mittelniederdeutschen Handwörterbuches so mit zahlreichen Nachträgen und Verbesserungen versehen. Diese Arbeit ist dem neuen Werke zu gute gekommen.

Band III.
Wörterbuch der Groningenschen Mundart von **H. Molema.** Preis 10 Mk., in Halbfr.-Band 12 Mk. 50 Pf.

www.ingramcontent.com/pod-product-compliance
Lightning Source LLC
Chambersburg PA
CBHW020857160426
43192CB00007B/964